JN087815

30年間の神奈中バス全型式をカラーで紹介！

昭和末期〜平成のバス大図鑑 第3巻
神奈川中央交通

加藤佳一（BJエディターズ）

慶應義塾大学湘南藤沢キャンパスのバスターミナルをあとにして、急行運転でJR辻堂駅に向かうメルセデス・ベンツ製の連節バス。

Contents

社番に営業所記号「よ」をつけた横浜営業所の三菱エアロスター。

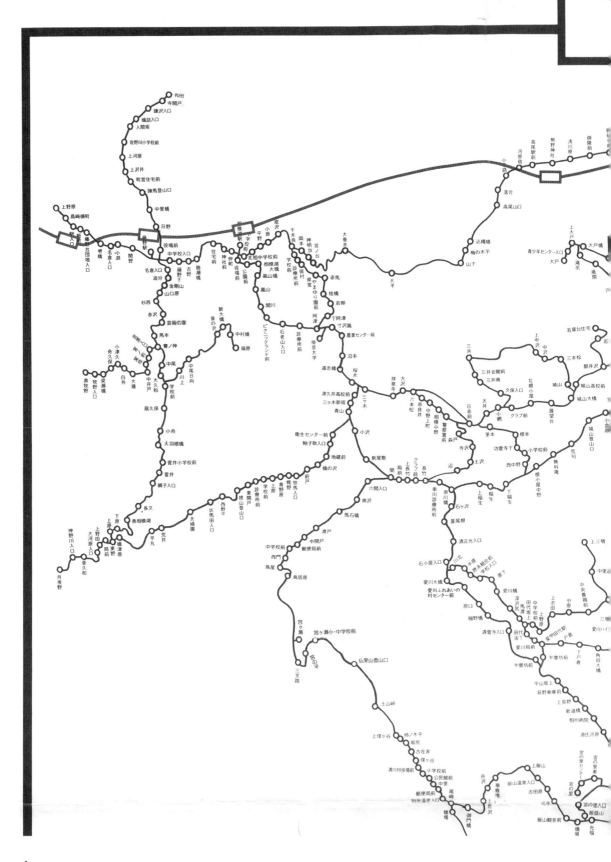

神奈川中央交通路

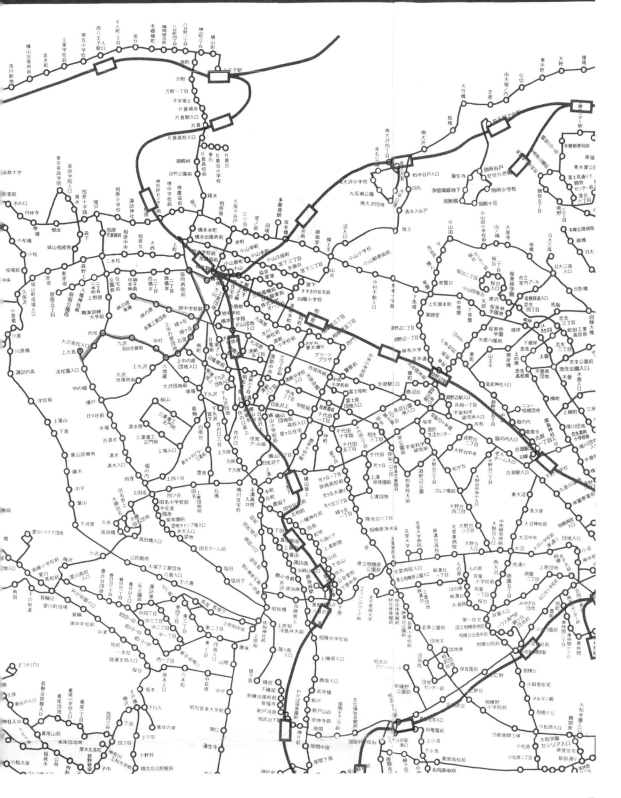

中央交通路線略図

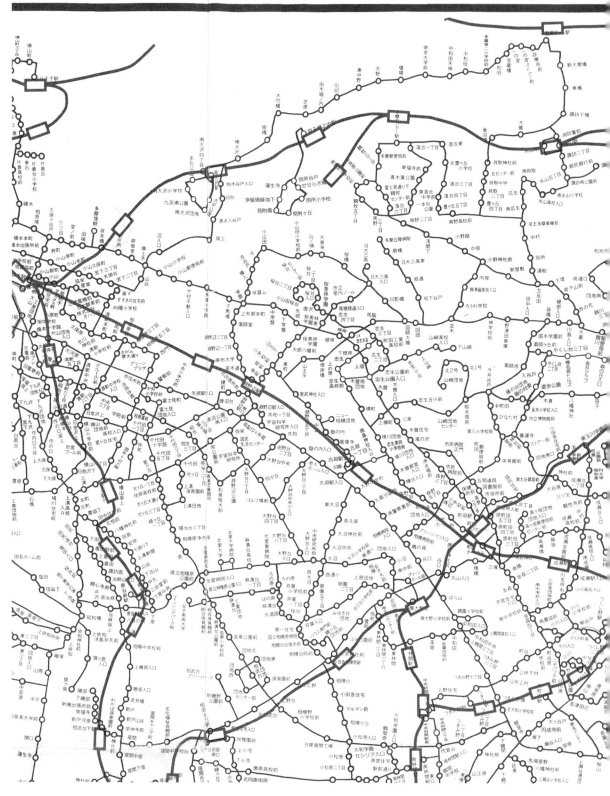

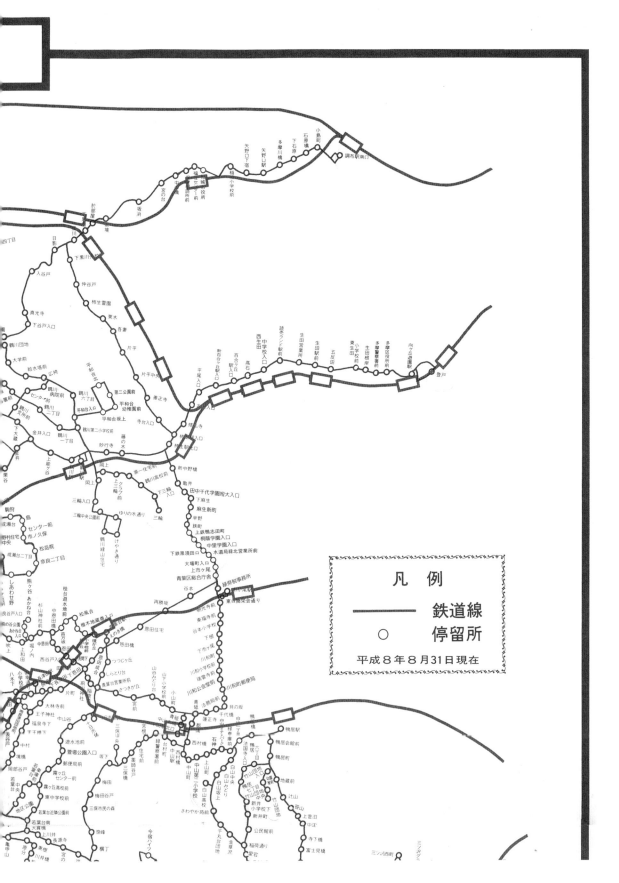

凡 例

──── 鉄道線

○　　停留所

平成８年８月31日現在

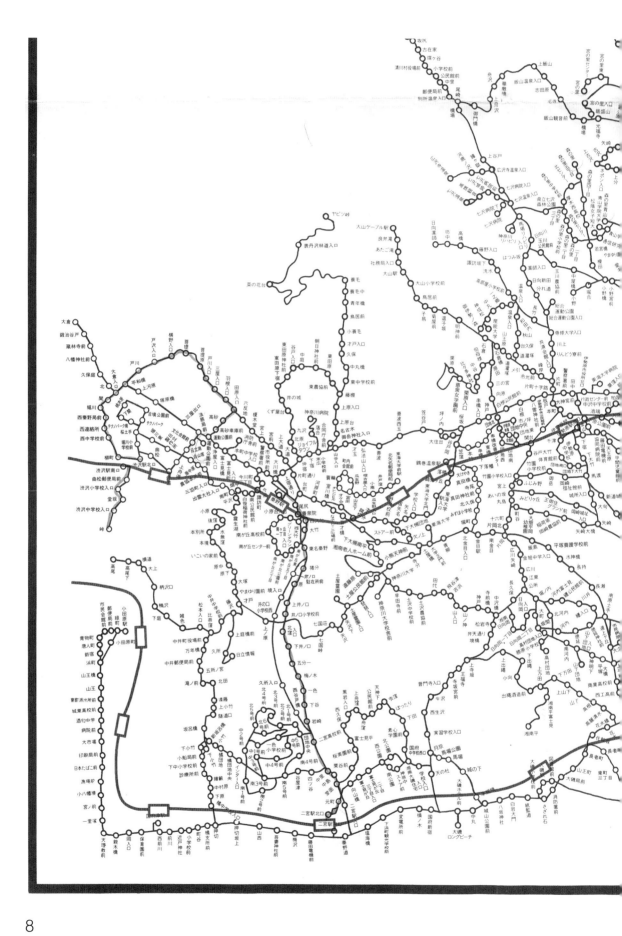

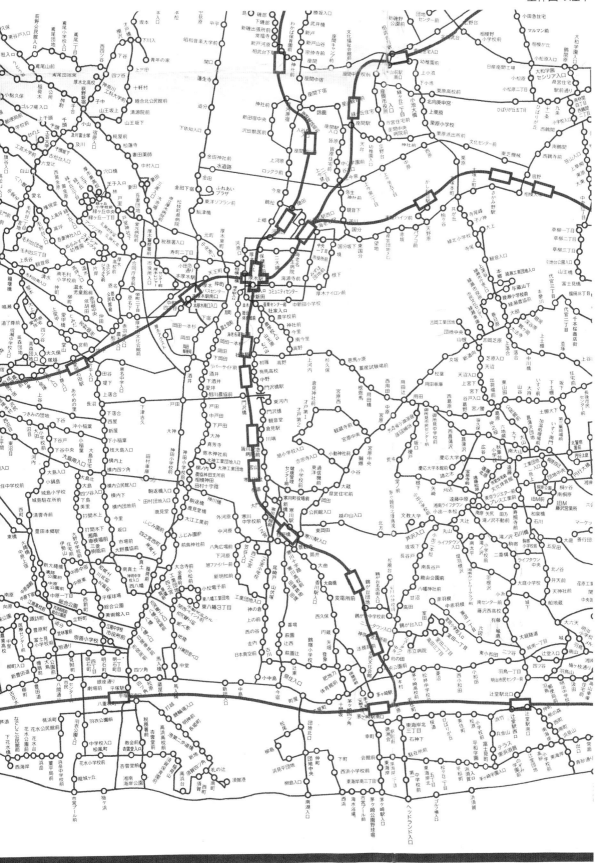

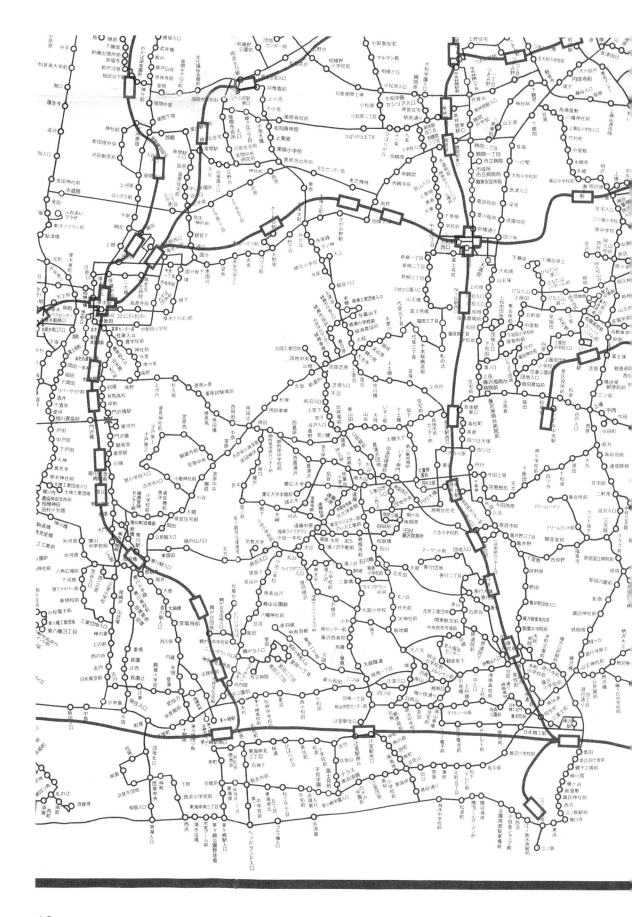

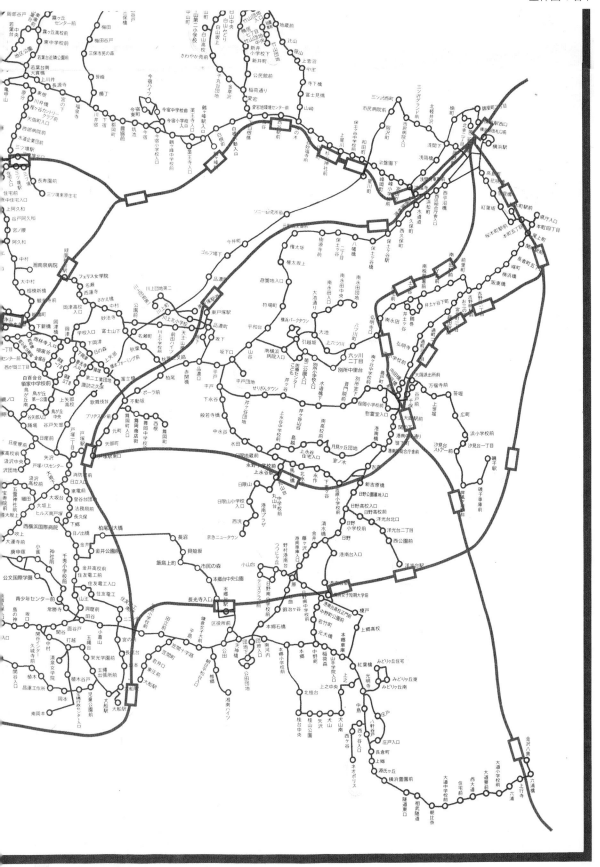

昭和最後のころの車両たち

筆者が初めて神奈中バスの車両撮影取材に臨んだのは、1997 (平成9) 年の秋のことである。当時は神奈川中央交通のほか、生活路線の一部を運行する湘南神奈交バス、貸切バスを運行する神奈中ハイヤーがあった。最古参車は1985 (昭和60) 年式で、「昭和58年排出ガス規制」適合のP-車であった。神奈川中央交通と湘南神奈交バスの社番は営業所を示すひらがなと1〜3桁の数字、神奈中ハイヤーの社番は営業所を示すアルファベットと4桁の数字で、いずれも原則として、抹消される車両の社番を新車が引き継ぐ独特なものである。

さ152 (三菱ふそうP-MP218M)

1997年取材時の一般路線車の最古参は1986年式。裾部の赤色のフェンダー部分が波形に塗られていた最後の年式である。当時の神奈中グループの車両は7割以上が三菱製であった。

や72 (三菱ふそうP-MP218M)

1987年の新車では、外装にかわいい動物たちを描き、車内に沿線児童の絵を飾った「カナちゃん号」が各営業所に1〜3台配置された。本型式は14台が「カナちゃん号」となった。

さ101 (三菱ふそうP-MP218M)

1988年式の三菱車。ボディはすべて呉羽製で、裾部の赤色は前年から塗り分けが直線になった。茅ヶ崎・平塚・秦野・伊勢原・津久井・相模原・大和には中間尺車が配置された。

さ301（三菱ふそうP-MP218M）

沿線の自治体や企業などとの契約輸送を行う、特定車・貸切車を数多く所有しているのも神奈中の特徴。本型式では1987年式のさ301が、スクールバス用のトップドア車だった。

あ61（三菱ふそうP-MP218P改）

三菱製の一般路線車は、横浜・舞岡・戸塚・藤沢・厚木・綾瀬に長尺車を配置。1986年上期までは本型式で、ホイールベースを本来の6000㎜から5800㎜に変更した改造型式だった。

と83（三菱ふそうP-MP218N）

団地路線や通学路線で活躍した長尺車は、1986年下期からホイールベース5800㎜の本型式に。従来のカタログにはなかったサイズで、神奈中のために新設されたと言われている。

と28（三菱ふそうP-MP218N）

1988年式の長尺三菱車。当時の神奈中の三菱製大型路線車はすべてエアロスターKで、前面にセーフティウィンドがなく、運賃支払方法表示幕が設けられた独特のスタイルだった。

と118（三菱ふそうP-MP218N）

長尺のエアロスターも1987年式から塗り分けが直線になったが、よ112・よ113・お62・お63・と117・と118・ふ117・ふ118・あ151・あ152・あ153は「カナちゃん号」として登場した。

い17（日野P-HT236BA）

伊勢原には2013年まで日野の大型路線車も新製配置されていた。1997（平成9）年秋の取材時には、すでに波形塗装の1986年式が姿を消し、1987年式の8台が最古参になっていた。

い79（日野P-HT236BA）

1987年式とともに活躍を続けていた1988年式の日野ブルーリボンHT。1987年式との外観上の差異は見られない。ホイールベース5670mmの長尺タイプの新製はこの年が最後だった。

は110（日産ディーゼルP-U32L）

平塚・秦野・厚木・大和では日産ディーゼル車も活躍。このうち秦野には1986年、企業の通勤路線用として、貸切カラーで富士5B型ボディのトップドア車5台が新製配置された。

ひ80（日産ディーゼルP-U32L）

1987年に平塚・秦野に新製配置されたホイールベース5100mmの日産ディーゼル製大型路線車。ボディは富士5E型で、この年から裾部の赤色の塗り分けが直線に変更されている。

ひ98（日産ディーゼルP-U32L）

1988年に平塚・秦野・大和に配置された中間尺の日産ディーゼル製大型路線車。1987年式との外観上の差異は見られない。富士5E型の本型式の新製は1988年上期が最後になった。

あ86（日産ディーゼルP-U32N）

1987年に厚木に5台新製配置されたホイールベース5500mmの日産ディーゼル製大型路線車。PE6H型エンジンを搭載。中間尺車と同様、裾部の赤色の塗り分けが直線に変更された。

ひ63（日産ディーゼルP-U33L）

1988年下期に平塚と秦野に配置された日産ディーゼル製大型路線車。メーカーのモデルチェンジによりエンジンがPF6H型、ホイールベースが5240mm、ボディが富士7E型となった。

は113（日産ディーゼルP-RA53N）

1987年に秦野に3台新製配置された貸切カラーで富士5B型ボディのトップドア車。前年式の同型車と同じように企業の通勤路線用だが、エンジンが高出力のRF8型に変更されている。

ま59（いすゞ P-LV314L）

藤沢・茅ヶ崎・津久井・町田・大和ではいすゞ車も活躍。IKCボディと富士ボディが並行して架装されていた。1997年取材時の最古参は1986年式で、富士ボディはまだ5E型だった。

あ501（いすゞ P-LV314L改）

1986年には企業の送迎輸送用として、トップドアの富士5E型ボディ架装車2台が厚木に新製配置された。当初は特定車あ301・あ302だったが、のちに貸切車あ501・あ502となった。

ち52（いすゞ P-LV314L）

1987年に増備されたエンジン6QA2型、ホイールベース5000mm、富士5E型ボディのいすゞLV。この年から裾部の赤色の塗り分けが直線になり、茅ヶ崎・町田に新製配置されている。

ち2（いすゞ P-LV314L）

1988年上期に茅ヶ崎・町田・大和に配置された中間尺で富士5E型ボディのいすゞLV。ヂーゼル機器製冷房ユニットが室内に分散配置され、屋根上にコブのない外観が特徴である。

つ33（いすゞ P-LV314L）

1988年下期に茅ヶ崎・平塚・津久井・町田・大和に配置された中間尺のいすゞLV。富士ボディが5E型から7E型となり、冷房が屋根上設置の富士重工製ユニットに変更されている。

せ11（いすゞ P-LV314N）

いすゞLVはホイールベース5500㎜の長尺タイプも採用。
1986年式の純正ボディは上期が川重製、下期がIKC製である。
藤沢・津久井に配置され、藤沢の一部が綾瀬に転属している。

つ52（いすゞ P-LV314N）

1986年式の富士5E型ボディの長尺タイプは津久井・町田に新
製配置され、裾部の赤色の塗り分けが波形である。室内分散型
の冷房と角形の前照灯が日デ車との識別点と言える。

せ82（いすゞ P-LV314N）

1987年に22台、1988年に13台が藤沢・津久井に配置された
長尺タイプのいすゞキュービック。藤沢の一部はのちに綾瀬に
転属した。1987年式から赤色の塗り分けが直線となった。

ま88（いすゞ P-LV314N）

1987年に16台、1988年上期に10台が町田・大和に配置さ
れた長尺の富士5E型ボディを持つLV。富士ボディの長尺車は
1988年下期以降は増備されず、7E型ボディは存在しなかった。

ま304（いすゞ P-LV314K改）

1988年に1台だけ採用された中扉にリフトを装備する特定車。
ホイールベース4650㎜の短尺タイプで、ボディは黒枠逆T字型
窓の富士5B型、冷房は路線車と異なり富士重工製である。

ふ310（いすゞ P-LV719R）

1987年に55人乗りの貸切車として2台新製された富士HD-Ⅰ
型ボディのいすゞLV。エンジンは10PC1型、ホイールベース
は6150㎜。1997年の取材時には契約輸送に転用されていた。

は312（いすゞ P-LR312J）

1997年の取材時に1台だけ在籍していたいすゞジャーニーK。
観光マスク・銀枠T字型窓のトップドア車である。湘南観光開
発から引き継ぎ、同社の契約輸送を行う特定車となった。

さ180（いすゞ P-LR312J）

1987年に1台だけ導入されたいすゞ製の中型路線車。エンジン
は6BG1型、ホイールベースは4300㎜で、トップドアの富士6E
型ボディが架装されている。相模原で使用されていた。

お301（三菱ふそうP-MK126F）

1987年に2台が舞岡に配置された7m尺のエアロミディ MK。観光マスク・トップドア・銀枠引き違い窓である。当初は路線車、のちに特定車となり、契約輸送用として使用された。

つ26（三菱ふそうP-MK116J）

1987年に5台が津久井に配置された9m尺のエアロミディ MK。エンジンは6D15型、ホイールベースは4390㎜である。前乗り前降りのローカル路線用のため、トップドア仕様だった。

や303（三菱ふそうP-MK515J）

1986年に契約輸送用の貸切車として1台新製されたエアロミディ MK。エンジンは6D14型、ホイールベースは4390㎜、乗客定員は29人である。平塚から大和に移って特定車となった。

い96（三菱ふそうP-MK595J）

1988年に路線貸切兼用車として2台新製されたエアロミディ MK。エンジンは6D14型、ホイールベースは4390㎜で、モデルチェンジにより丸みを帯びた呉羽ボディが架装されている。

は13（三菱ふそうP-MK117J）

1988年に1台が秦野に配置された路線タイプのエアロミディ MK。エンジンは6D16型、ホイールベースは4390㎜である。新型の呉羽ボディとなったが、トップドア仕様は踏襲された。

ひ307（三菱ふそうP-MK117J改）

1988年式のエアロミディ MKの特定車。観光マスク・銀枠2段窓で、中扉にリフトを装備するため改造型式だった。平塚と大和に1台ずつ配置されたが、大和の車両は綾瀬に転属した。

つ27（三菱ふそうP-MS725S）

一般貸切車として新製されたエアロバスで、1997年の取材時には契約輸送に転用された1985～87年式が3台ずつ在籍した。写真のつ27は1985年式で、取材時の最古参車だった。

と613（三菱ふそうP-MS725S）

1988年式のエアロバスは1997年の取材時、神奈中ハイヤーで一般貸切車として活躍していた。エンジンは8DC9型、乗客定員は55人で、この年式から側窓がT字型に変更されている。

1989（平成元）年の車両

　1989（平成元）年も「昭和58年排出ガス規制」適合のP-車の導入が続けられた。大型路線車は三菱製の中間尺を主力として、戸塚・厚木には長尺を導入。他の3メーカーは中間尺だけになり、いすゞ製が藤沢・茅ヶ崎・平塚・津久井・町田・大和・綾瀬、日産ディーゼル製が平塚・秦野、日野製が伊勢原に配置された。また中型路線車は三菱製が秦野・津久井・相模原に導入された。夜行高速車としてエアロクィーンMが初めて登場。貸切車にもエアロクィーンMとエアロバス、契約輸送用には三菱ローザと日野レインボー7Wが採用された。

と705（三菱ふそうP-MS729S）

1989年には奈良線はじめ5路線の夜行高速バスが開業。計10台のエアロクィーンMが新製された。中央トイレつきの29人乗りで、ハイウェイとカモメのデザインが採用されている。

ひ610（三菱ふそうP-MS729S）

貸切車にもエアロクィーンMが2台登場。こちらはT字型窓で、47人乗りのサロンだった。神奈中初の貸切スーパーハイデッカーであるため、薄紫色の新デザインが採用されている。

ひ618（三菱ふそうP-MS725S）

前年に続いて2台増備された貸切車のエアロバス。側窓は前年式と同じT字型で、乗客定員は55人である。一般貸切車の神奈中ハイヤーへの移管に伴い、同社に移籍して活躍した。

つ24（三菱ふそうP-MK117J）

前年に続いて導入されたローカル路線用のエアロミディMK。トップドア仕様が踏襲されている。秦野・津久井・相模原に計8台新製配置され、一部は湘南神奈交バスなどに移籍した。

せ307（三菱ふそうP-MK117J改）

前年に続いて採用された観光マスク・銀枠2段窓・中扉リフトつきのエアロミディMK。貸切カラーに塗られている。1台が大和に新製配置されたが、のちに綾瀬に移って活躍した。

ひ503（三菱ふそうP-MK117J改）

観光マスク・トップドア・銀枠引き違い窓のエアロミディMK。貸切カラーに塗られている。2台が特定車として新製されたのち、貸切車に変更され、引き続き契約輸送に使用された。

あ303（三菱ふそうP-BE434F）

1989年に2台導入されたローザ。エンジンは4D31型で、前後輪ともリーフサス。折戸・銀色サッシのボディを持つ。なお、1997年の取材時には1988年式のローザも1台在籍していた。

さ305（三菱ふそうP-MP218M）

1987年に続いて採用されたトップドアのエアロスターK。ボディスタイルは1987年式と同じで、貸切カラーに塗られている。相模原でスクールバスに使用されている特定車だった。

ま152（三菱ふそうP-MP218M）

前年に引き続き増備された中間尺エアロスターKのP-車。エンジンは6D22型、ホイールベースは5300㎜である。屋根上には三菱製の冷房ユニットと4基の角形ファンが並んでいる。

と73（三菱ふそうP-MP218N）

1989年からは戸塚と厚木だけに新製配置された長尺エアロスターKのP-車。担当車制の神奈中では車両の手入れがしやすいよう、ステップつきのフロントバンパーを特注していた。

ひ125（日産ディーゼルP-U33L）

平塚と秦野に配置された日産ディーゼル製の中間尺の大型路線車。ボディスタイルは前年式と同様で、屋根上には富士重工製冷房ユニットと4基のカマボコ形ファンが並んでいる。

い82（日野P-HT235BA）

伊勢原の日野ブルーリボンは長尺だったが、1989年からホイールベース5200㎜の中間尺に変更された。屋根上にはデンソー製冷房ユニットと4基のカマボコ形ファンが並んでいる。

つ17（いすゞ P-LV314L改）

3年ぶりに採用された中間尺のキュービック。冷房ユニットが室内分散型から屋根上集中型となったが、4基のカマボコ形ファンは変わらない。藤沢・津久井・綾瀬に配置された。

ち19（いすゞ P-LV314L改）

前年下期に続いて導入された中間尺の富士7E型ボディを持ついすゞLV。茅ヶ崎・平塚・津久井・大和に新製配置された。LVは1989年から中間尺だけが導入されるようになった。

ま314（いすゞ P-LV314K改）

前年に引き続き1台だけ採用された短尺LVの特定車。中扉にリフトを装備している。富士ボディは7E型ではなく前年式と同じ5B型だが、黒枠逆T字型窓から銀枠2段窓に変更された。

あ304（日野P-RH160AA）

特定車として厚木に3台新製配置された中型幅7m尺・リヤエンジンのレインボー7W。エンジンはW04C型、ホイールベースは3670mmである。のちに1台が路線車に転用されている。

1990（平成2）年の車両

　1990（平成2）年の上期にはP-車が増備されたが、下期には「平成元年排出ガス規制」適合のU-車が登場している。大型路線車の長尺は上期の三菱製で終了し、下期からすべて中間尺となった。中型路線車の新製は見送られた。貸切車は前年に続き三菱エアロクィーンMを導入。契約輸送用は日産ディーゼル製の大型、三菱製の大型・中型・小型、いすゞ製の中型が採用されている。なお、筆者が2回目に神奈中バスを取材したのは2005年の秋で、当時の最古参車は1990年式だった。このため、ここからは2005年取材時の写真も紹介していく。

ふ72（三菱ふそうU-MP218M）

1990年下期に初めて登場した中間尺エアロスターKのU-車。エンジン・ホイールベース・ボディスタイルはP-車と同じである。伊勢原・津久井・相模原を除く各営業所に配置された。

ひ101（三菱ふそうP-MP218M）

前年に続いて1990年上期に採用された中間尺エアロスターKのP-車。仕様は前年式と同じである。横浜・舞岡・平塚・伊勢原・厚木・相模原・町田・大和・綾瀬に新製配置された。

と16（三菱ふそうP-MP218N）

前年に続いて1990年上期に導入された長尺エアロスターKのP-車。仕様は前年式と同じである。戸塚・厚木に新製配置され、これを最後に長尺車の導入はいったん打ち切られた。

よ302（三菱ふそうP-MP218K）

1990年上期に1台だけ採用された短尺エアロスター KのP-車。前中折戸・銀枠2段窓で、2人掛けハイバックシートを装備。特定車として横浜に配置され、契約輸送に使用された。

さ306（三菱ふそうU-MK117J）

1990年下期に初めて1台だけ導入されたエアロミディ MKのU-車。エンジン・ホイールベースはP-車と同じである。トップドア・銀枠引き違い窓で、角形の前照灯が採用されている。

ま315（三菱ふそうP-MK117J改）

前年に引き続き1990年上期に新製されたエアロミディ MKのP-車。特定車のスクールバスま315・ま316は前中引戸・黒枠逆T字型窓で、中扉にリフトを装備し、前照灯は角形である。

せ308（三菱ふそうP-MK117J改）

同じく上期に登場したエアロミディ MKのP-車。せ308は前中引戸・銀枠2段窓で、中扉にリフトを装備し、前照灯は丸形である。本型式にはもう1台、トップドアのよ303があった。

さ307（三菱ふそうU-BE439F）

1990年下期に初めて1台採用されたローザのU-車。エンジンはターボつき4D34型、ホイールベースは3765mmのロングボディで、前後輪ともリーフサス。契約輸送用の特定車である。

あ503（日産ディーゼルU-UA440LAN）

1990年下期に初めて1台導入された日産ディーゼル製大型のU-車。エアサス仕様の中間尺車で、トップドア・銀枠引き違い窓の富士7B型ボディを持つ。契約輸送用の貸切車である。

は46（日産ディーゼルP-U33L）

前年に続いて1990年上期に増備された日産ディーゼル製の一般路線車。中間尺のP-車で、富士7E型ボディは前年式と同じスタイルである。平塚に2台、秦野に5台配置されている。

い75（日野P-HT235BA）

前年に引き続き1990年上期に増備された日野製の一般路線車。中間尺ブルーリボンHTのP-車で、日野ボディは前年式と同じスタイルである。伊勢原に2台が新製配置されている。

せ99（いすゞ P-LV314L改）

前年に続いて1990年上期に導入されたいすゞ製の一般路線車。中間尺キュービックのP-車で、IKCボディは前年式と同じスタイルである。藤沢に3台、綾瀬に5台配置されている。

ち72（いすゞ P-LV314L改）

こちらも前年に引き続き1990年上期に増備されたいすゞ製の一般路線車。中間尺の富士7E型ボディを持つP-車である。茅ヶ崎に6台、津久井に3台、大和に8台新製配置されている。

せ302（いすゞ P-LR312J）

1990年上期に1台だけ新製されたいすゞ製中型のP-車。トップドア・銀枠引き違い窓の富士6B型ボディを持つリーフサス車である。契約輸送用の多くは通風装置が丸形ファン2基である。

は311（いすゞ P-BL36）

1990年式が1台だけ在籍したジャーニーMのP-車。エンジンは4BC2型、ホイールベースは3080mmの標準ボディである。湘南観光開発から引き継ぎ、同社の契約輸送に使用された。

ひ603（三菱ふそうP-MS729S）

前年に続き貸切車として8台採用されたエアロクィーンM。と614・ひ612・ま609は47人乗りサロン、と605・と612・ひ601・ひ603・ま603は55人乗り。神奈中ハイヤーに移籍した。

1991(平成3)年の車両

　1991(平成3)年の新車はすべてU-車となっている。一般路線用の大型車は中間尺に統一。下期の三菱製は貸切兼用の補助席つきで、横浜・戸塚・秦野・厚木・津久井・町田・大和に1台ずつ導入された。いすゞ製はIKCボディで綾瀬、富士ボディで茅ヶ崎・平塚・秦野・大和・綾瀬に配置。日産ディーゼル製は平塚・秦野、日野製は伊勢原に配置された。中型車は三菱製が秦野に1台だけ導入されている。貸切バスはエアロクィーンMをさらに増備。契約輸送用は三菱の大型・中型・小型、日産ディーゼルの大型・中型が採用されている。

せ103（いすゞ U-LV324L）

1991年に初めて採用された中間尺キュービックのU-車。エンジンは6QB2型、ホイールベースは5000㎜である。冷房がビルトインのゼクセル製となり、屋根上のコブがなくなった。

ち28（いすゞ U-LV324L）

IKCボディ架装車と並行して導入された富士7E型ボディ架装いすゞ製のU-車。冷房が富士重工製からゼクセル製に変更された。茅ヶ崎・平塚・秦野・大和・綾瀬に配置されている。

は310（いすゞ U-LV318N）

湘南観光開発から引き継いだいすゞ製のU-車。エンジンは高出力の6RB2型、ホイールベースは5500㎜の長尺車で、トップドア・銀枠引き違いの富士7B型ボディが架装されている。

い29（日野U-HT2MMAA）

1991年に初めて採用された中間尺ブルーリボンのU-車。エンジンはP-車と同じM10U型、ホイールベースもP-車と同じ5200㎜である。い29・い47として伊勢原に新製配置された。

ひ10（日産ディーゼルU-UA440LSN）

1991年に初めて導入された中間尺の富士7E型ボディを持つ日産ディーゼル製のU-車。エンジンはPF6型、ホイールベースは5240㎜で、引き続き富士重工製の冷房が搭載されている。

ひ304（日産ディーゼルU-UA440LAN）

前年のあ503に続き、ひ304として活躍を開始した中間尺の富士7B型ボディを持つ日産ディーゼル製のU-車。トップドア・エアサスでハイバックシートを装備する特定車である。

は301（日産ディーゼルU-RM210GSN）

東海開発から2台を引き継ぎ、秦野で使用していた富士8B型ボディを持つ日産ディーゼル製のU-車。エンジンはFE6型、ホイールベースは4280㎜で、リーフサス仕様となっている。

ひ305（日産ディーゼルU-RM210GAN）

1991年に新製され、ひ305・ひ315として平塚に配置された富士8B型ボディを持つ日産ディーゼル製のU-車。こちらはエアサス仕様である。大型のひ304と同じ輸送に使用された。

と174（三菱U-MP218M）

前年に続いて導入された中間尺エアロスターKのU-車。1991年下期に新製されたよ133・と174・は104・あ230・つ78・ま192・や124は貸切使用などを考慮した補助席つきだった。

や311（三菱ふそうU-MP218M）

1991年に1台だけ採用されたトップドア・銀枠2段窓のエアロスターKのU-車。2人掛けハイバックシートを装備し、旧貸切カラーをまとう。大和でスクールバスに使用されていた。

ひ310（三菱ふそうU-MK117J）

前年に引き続き導入された契約輸送用のエアロミディMKのU-車。ふ301〜ふ304・ひ310・ひ311は前中引戸・銀枠2段窓で、中扉にリフトを装備し、スクールバスとして使用された。

ひ313（三菱ふそうU-MK117J）

同じく契約輸送用のエアロミディMKのU-車。トップドア・銀枠引き違い窓で、ハイバックシートを装備。ひ312・ひ313がスクールバス、ま317が病院の送迎輸送用として使用された。

は121（三菱ふそうU-MK117J）

一般路線用としては初めて採用されたエアロミディMKのU-車。大型車とは異なり、中型のP-車と同じトップドア仕様が踏襲されている。は121として秦野のローカル路線で活躍した。

い301（三菱ふそうU-BE439F）

前年に続いて導入されたローザロングボディのU-車。ターボつきエンジン、車軸懸架のリーフサスで、折戸・銀色サッシのボディを持つ。舞岡に2台、伊勢原に1台が配置された。

ひ609（三菱ふそうU-MS729S）

1991年に初めて採用されたエアロクィーンMのU-車。と609・ひ609・ま602は液晶テレビを備えた41人乗りのサロンカーで、側窓の中央3枚が固定式という独特の外観を持っていた。

ひ614（三菱ふそうU-MS729S）

同じく初めて登場したエアロクィーンMのU-車。エンジンはP-車と同じ8DC11型、ホイールベースは6500㎜。ひ605・ひ614は47人乗りのサロンカーで、側窓は5枚ともT字型だった。

1992（平成4）年の車両

　1992（平成4）年も引き続きU-車が導入されている。一般路線用の大型は三菱・いすゞ・日産ディーゼルの中間尺車を増備。上期の車両はすべて補助席つきで新製され、下期の三菱製の一部は前扉の開放とともに第1ステップが下がり、地面との段差を縮小させる機能をつけて導入された。中型は前年に続いてエアロミディMKを増備。小型のレインボーRBが初めて登場し、1台が神奈中初のコミュニティバスに使用された。貸切バスはエアロクィーンMの採用が続き、契約輸送用は三菱の大型・中型・小型、日野の大型が新製されている。

ひ106（日産ディーゼルU-UA440LSN）

中間尺の富士7E型ボディを持つ日産ディーゼル製のU-車。上期にひ9・ひ95・ひ106・ひ110・ひ128・ひ130・は14・は21・は25・は103として新製された10台は補助席つきである。

ふ028（いすゞU-LV324L）

中間尺キュービックのU-車。上期のふ1・ふ17・ふ29・ふ76・せ16・せ41・せ46・せ112・せ113は補助席つき。のちに藤沢神奈交バスに委託された車両は社番に「0」が付された。

つ80（いすゞU-LV324L）

中間尺の富士7E型ボディを持ついすゞ製のU-車。上期のち5・ち47・ち69・ち88・ち91・ち94・つ2・つ8・つ79・や31・や36・や45・や50・や57・や76・や87は補助席つきである。

い303（日野U-HT2MMAA）

1992年に1台だけ新製されたブルーリボンHTの特定車。一般路線車と同じ中間尺ながら、トップドア仕様となっている。1992年はブルーリボンの一般路線車は増備されていない。

あ12（日野U-RB1WEAA）

1992年に初めて登場したレインボーRB。エンジンはW04C型、ホイールベースは3330㎜。5台新製され、うち1台が神奈中初のコミュニティバスである愛川町町内循環バス専用車となった。

よ306（日産U-BGW40）

1992年式が1台だけ在籍したシビリアンロングボディのU-車。エンジンはED35型、ホイールベースは3690㎜である。西武学園から引き継ぎ、幼稚園バスとして使用されていた。

せ311（三菱ふそうU-BE439F）

前年に引き続き導入されたローザロングボディのU-車。前年式と同様に車軸懸架のリーフサスで、折戸・銀色サッシのボディを持つ。と304・せ311として新製配置されている。

あ309（三菱ふそうU-MJ117F）

1992年に初めて採用された中型幅7m尺のエアロミディ MJのU-車。エンジンは6D16型、ホイールベースは3510㎜。伊勢原と厚木に1台ずつ配置され、同一の契約輸送に使用された。

ひ620（三菱ふそうU-MJ527F）

1992年式が1台だけ在籍していた中型幅7m尺のエアロミディMJの貸切バス。エンジンは6D16型、ホイールベースは3510㎜で、エアサスを装備している。乗客定員は24人である。

と303（三菱ふそうU-MK117J改）

前年に引き続き導入されたエアロミディ MKのU-車。と302・と303・ふ305・ひ316・や301・や302は前中引戸・銀枠引き違い窓で中扉にリフトを装備。スクールバスに使用された。

ま318（三菱ふそうU-MK117J）

同じくエアロミディ MKのU-車だが、ま318はトップドア・銀枠引き違い窓・ハイバックシートという仕様だった。旧貸切カラーで町田に配置され、スクールバスに使用されていた。

T-1（三菱ふそうU-MK117J）

前年に引き続き2台新製された一般路線用のエアロミディ MKのU-車。さ171・さ172から、湘南神奈交バス移籍でか1003・か1004、津久井神奈交バス移籍でT-1・T-2へと改番された。

せ309（三菱ふそうU-MP218K改）

1992年に初めて1台採用された短尺エアロスター KのU-車。ホイールベースは4800mmで、前中引戸・銀枠2段窓・中扉リフトつきである。せ309としてスクール輸送に使用された。

と156（三菱ふそうU-MP218M）

1992年上期に新製された一般路線用のエアロスター KのU-車は、前年下期の車両と同じようにすべて補助席つきで登場した。茅ヶ崎・津久井を除く営業所に82台が配置されている。

と88（三菱ふそうU-MP218M改）

1992年下期のエアロスター Kのうち、と88・ち63・い63・さ92・ま147の5台は、前扉の開放とともに第1ステップが下がり、地面との段差が小さくなる新ステップ車として登場した。

つ303（三菱ふそうU-MP218M）

特定車として導入された中間尺エアロスターKのU-車。つ303・つ304は前中折戸・銀枠引き違い窓で、旧貸切カラーをまとっている。いずれもスクールバスとして活躍していた。

ま307（三菱ふそうU-MP218M）

同じく特定車として導入された中間尺エアロスターKのU-車。ま305～ま307は前中引戸・黒枠逆T字型窓で、中扉にリフトを装備している。スクールバスとして使用されていた。

ひ607（三菱ふそうU-MS729S）

前年に引き続き採用されたエアロクィーンMのU-車。と604・と616・ひ606・ひ607・ひ611・ひ613は後部トイレつきの46人乗りで、側窓は最後部が固定窓、他がT字型窓である。

ひ616（三菱ふそうU-MS729S改）

同じく前年に続いて採用されたエアロクィーンMのU-車。改造型式のと615・ひ616・ま605は夜行高速車のような中央トイレつきで、乗客定員は41人。側窓は5枚ともT字型である。

M-0624（三菱ふそうU-MS729SA）

フルエアブレーキのエアロバスで、乗客定員は54人。神奈中観光発足後に箱根登山観光から移籍したため、営業所記号がアルファベットのH-0613・M-0624～M-0626となっている。

31

1993（平成5）年の車両

　1993（平成5）年も引き続きU-車が導入されている。一般路線バスの大型は三菱・いすゞ・日産ディーゼルの中間尺車を採用。三菱製はボディがエアロスターMタイプとなり、上期の一部は新ステップ車である。いすゞ製はIKCボディが津久井・綾瀬、富士ボディが茅ヶ崎、日産ディーゼル製は平塚・秦野・大和に配置された。小型は日野製が増備されている。貸切バスにニューエアロクィーンが登場。のちに神奈川県観光から引き継いだエアロクィーンKⅡとエアロミディMMが加わった。契約輸送用は三菱製の大型と中型が新製されている。

つ25（いすゞ U-LV324L）

前年に引き続き導入された中間尺キュービックのU-車。ボディスタイルは前年式と同じである。上期につ9・せ20・せ35・せ66の4台、下期につ12・つ25の2台が新製されている。

ち62（いすゞ U-LV324L）

前年に続いて採用された中間尺の富士7E型ボディを持ついすゞ製のU-車。前中扉間の窓配置は前年式から変更されている。上期にち61・ち62・ち75、下期にち79が新製された。

は309（いすゞ U-LR332F）

秦野に1台だけ在籍したホイールベース3750mmの短尺ジャーニーK。観光マスク・トップドアのIKCボディを持つ。湘南観光開発から引き継ぎ、同社との契約輸送に使用されていた。

あ504（日産ディーゼルU-UA440LAN）

1993年式は1台だけ在籍したエアサス仕様の契約輸送用の貸切車。自家用登録車を中古購入し、旧貸切カラーに塗り替えた。トップドア・銀枠引き違い窓の富士7B型ボディである。

ひ87（日産ディーゼルU-UA440LSN）

前年に引き続き採用された中間尺の富士7E型ボディを持つ日産ディーゼル製のU-車である。上期にひ86～ひ88・や88・や105の5台、下期には44・は92の2台が新製されている。

さ191（日野U-RB1WEAA）

前年に引き続き導入されたレインボーRB。伊勢原にい101・い102として配置されたが、1997年の取材時には相模原のさ191・さ192となっており、その後も転属を重ねた2台だった。

は303（三菱ふそうU-MJ117F）

前年に続いて1台だけ採用された中型幅7m尺のエアロミディMJのU-車。観光マスクのトップドア車で、ハイバックシートを装備している。秦野市のスクールバスに使用された。

ひ317（三菱ふそうU-MK117J改）

前年に続いて増備されたエアロミディMKの特定車。前中引戸・2段窓で、中扉にリフトを装備する。と305・と306・ふ307・ふ308・ひ301・ひ317がスクールバスに使用されていた。

つ1（三菱ふそうU-MP218M改）

中間尺のエアロスターは、1993年から新呉羽製のボディがエアロスター Mタイプに変更された。よ8・お7・ふ4・ひ85・は45・あ60・つ1・ま7・や33・せ114は新ステップ車である。

さ118（三菱ふそうU-MP218M）

1993年式からMタイプになったエアロスターのU-車。上期のさ36・さ118・さ150はアイワールドのフルラッピング車だった。また下期からボディメーカーがMBMに改称されている。

つ305（三菱ふそうU-MP218M）

前年に続いて導入された中間尺エアロスターの特定車。こちらも新呉羽製のボディがMタイプに変更されている。つ305は前中折戸・銀枠引き違い窓で、スクールバスに使用された。

ま308（三菱ふそうU-MP218M改）

同じく特定車として導入された中間尺エアロスター。前中引戸・黒枠逆T字型窓のM型ボディを持ち、中扉にリフトを装備している。ま308・ま309はスクールバスとして使用された。

せ304（三菱ふそうU-MP218K）

同じく特定車として登場したエアロスターだが、せ304は短尺タイプである。前中引戸・銀枠2段窓のM型ボディを持ち、中扉にリフトを装備している。スクールバスに使用された。

せ310（三菱ふそうU-MP618M）

1993年式が1台だけ在籍したエアサス仕様のエアロスター。
トップドア・銀枠引き違い窓のMBM製M型ボディが架装され、
ハイバックシートを装備している。契約輸送に使用された。

H-0627（三菱ふそうU-MM526H）

1993年式が1台だけ在籍したエアロミディMMのU-車。固定窓
仕様のハイデッカー。神奈中ハイヤーが子会社化した神奈川県
観光から引き継ぎ、そのままのカラーで使用されていた。

T-0601（三菱ふそうU-MS821P）

初めて登場したニューエアロクィーン。エンジンは8M20型、ホイールベースは6150mm。後部トイレつきの47人乗りで、と601・
ひ602・ま604からT-0601・H-0602・M-0604に改番された。

T-0626（三菱ふそうU-MS729S）

神奈中ハイヤーが神奈川県観光から引き継いだ神奈川県福祉バス。神奈川県観光が好んで架装していた新呉羽ボディを持ち、エア
ロクィーンKⅡの名を持つハイデッカーである。

1994（平成6）年の車両

　1994（平成6）年も引き続きU-車が導入されている。一般路線バスの大型は3年ぶりに4メーカーの中間尺車が揃って登場。すべてが新ステップ車となった。また日産ディーゼルのリフトつきバスも採用されている。中型は三菱製を導入。モデルチェンジによってスタイルが変化した。貸切バスではエアロクィーンⅠが増備され、エアロバスの短尺タイプも加わった。契約輸送用ではスーパークルーザーのスーパーハイデッカーが採用されたほか、三菱の大型・中型・小型、日野の大型・中型、日産ディーゼルの大型が新製されている。

さ201（日産ディーゼルU-UA440LAN改）

1994年に1台採用されたリフトつきバス。富士7E型ボディのエアサス車で、中扉のグライドスライドドアにリフトを装備。伊勢原に新製配置されたが、のちに相模原に転属した。

や108（日産ディーゼルU-UA440LSN改）

前年に引き続き導入された中間尺の富士7E型ボディを持つ日産ディーゼル製のU-車。1994年式から新ステップ車となったため、改造型式になっている。秦野・大和に配置された。

つ5（いすゞ U-LV324L改）

前年に続いて増備された中間尺キュービックのU-車。ボディスタイルは前年式と変わらないが、新ステップ車となったため、改造型式になっている。津久井・綾瀬に配置された。

ひ19（いすゞ U-LV324L改）

前年に引き続き導入された中間尺の富士7E型ボディを持ついすゞ製のU-車。スタイルは前年式と同じだが、新ステップ車となり、改造型式となった。茅ヶ崎・平塚に配置された。

い86（日野U-HT2MMAA改）

3年ぶりに新製された中間尺ブルーリボンHTのU-車。1991年式に比べ前面の通気口が大きくなった。新ステップ車となったため、改造型式になっている。伊勢原に2台配置された。

は307（日野U-HT2MMAA）

一般路線車とともに導入された契約輸送用のブルーリボンHTのU-車。前中引戸・銀枠2段窓のスタイルは路線車と同じだが、通風装置が丸形のファンである。秦野に1台配置された。

い304（日野U-RJ3HGAA）

1994年に1台だけ採用された短尺レインボーRJのU-車。エンジンはH07D型、ホイールベースは3930mmで、観光マスク・トップドア・銀枠引き違い窓のボディ。伊勢原に配置された。

ま2（三菱ふそうU-MP218M改）

前年に続いて増備された中間尺のエアロスターM型ボディを持つU-車。ボディはMBM製で、スタイルは前年式と変わらない。すべて新ステップ車であり、改造型式になっている。

ま314（三菱ふそうU-MP218M）

前年に続いて採用されたエアロスターM型ボディの特定車。前中引戸・黒枠逆T字型窓・中扉リフトつきである。ま310・ま311として配置されたが、のちに310は314に改番された。

い305（三菱ふそうU-MS218M）

同じくエアロスターM型ボディの特定車だが、こちらはトップドア・銀枠2段窓で、通風装置は丸形ファン。両側に2人掛けシートが並ぶ自家用スタイル。伊勢原で1台が活躍した。

あ13（三菱ふそうU-MK218J）

2年ぶりに採用されたエアロミディMKの路線車は、新型式となっている。エンジンは6D17型、ホイールベースは4390㎜。トップドア・銀枠2段窓の1台は厚木に新製配置されている。

は107（三菱ふそうU-MK218J）

同じくトップドアのエアロミディMKの路線車で、こちらは観光マスク・銀枠引き違い窓で、旧貸切カラーをまとっている。1台が秦野に新製配置され、のちに厚木に転属している。

と301（三菱ふそうU-MK218J改）

新型式になったエアロミディMKの特定車。1994年は3台新製され、と301・ひ318は前中引戸・銀枠引き違い窓で、中扉にリフトを装備している。ひ320はトップドア車となっている。

ひ504（三菱ふそうU-BE439F）

神奈中グループのスイミングクラブの送迎輸送用として、平塚に4台配置されたローザロングボディのU-車。当初は特定車ひ321～ひ324で、のちに貸切車ひ501～ひ504となった。

ひ319（三菱ふそうU-BE437E）

茅ヶ崎市のスクールバス用として、平塚に1台だけ配置されたローザショートボディ。エンジンは4D33型、ホイールベースは3355㎜で、折戸・銀色サッシのボディが架装された。

は308（三菱ふそうU-MK618J）

と301と同じエアロミディMKの特定車だが、秦野のは308は
エアサス仕様となっている。前中引戸・黒枠引き違い窓で、中
扉にリフトを装備。秦野市のスクールバスに使用された。

M-0608（三菱ふそうU-MK626J）

1台在籍したエアロミディMKハイデッカー。エンジンは6D15
型、ホイールベースは4390㎜、乗客定員は35人。ま608とし
て契約輸送に使用されたのち、一般貸切車のM-0608となった。

と611（三菱ふそうU-MS826M）

2台新製された短尺のエアロバス。エンジンは8DC10型、ホイー
ルベースは5400㎜、乗客定員は50人。当時は上高地などの狭
隘路用として、各社が短尺の貸切車を所有していた。

ひ604（三菱ふそうU-MS821P）

前年に引き続き2台採用されたエアロクィーンⅠ。前年式はト
イレつきだったが、1994年式はトイレのない51人乗りで、側窓
が5枚ともT字型になった。戸塚と平塚に配置された。

ひ502（いすゞU-LV771R）

平塚に1台配置されたスーパークルーザーのスーパーハイデッカー。車内は3列シート27人乗りとなっている。ベルマーレ平塚の選
手輸送に使用されたのち、高速車ひ852となっている。

1995(平成7)年の車両

　1995(平成7)年もU-車の増備が続けられたが、少数ながら「平成6年排出ガス規制」適合のKC-車の導入が開始されている。一般路線バスは長引く景気低迷による利用者の減少を背景として、大型車の新製が日産ディーゼルのリフトつきバス1台だけとなり、中型車が4メーカーを合わせ大量に導入されたことが大きな特徴である。また貸切バスの新製は見送られ、契約輸送用は三菱の大型・中型・小型、いすゞの大型が導入された。なお、4月には神奈川中央交通の契約輸送以外の貸切バスの営業を神奈中ハイヤーに移管している。

い15（日野U-RJ3HJAA）

一般路線車に初めて採用されたレインボーRJのU-車。エンジンはH07D型、ホイールベースは4490mmで、大型車と同じように新ステップ車である。い15・い74の社番で配置された。

ひ109（日産ディーゼルU-RM210GSN改）

一般路線車に初めて採用されたRMのU-車。富士8E型ボディが架装された新ステップ車である。上期には平塚に3台、秦野に2台、下期には平塚に2台、秦野に3台が配置されている。

1995年に初めて導入されたジャーニーKのU-車。エンジンは6HE1型、ホイールベースは4300㎜で、新ステップ車となっている。綾瀬に上期には4台、下期には3台が配置されている。

せ10（いすゞ U-LR332J改）

同じく初めて登場した富士8E型ボディを持つLRのU-車。新ステップ車であり、大型車と異なる富士重工製の冷房が搭載されている。茅ヶ崎に6台、津久井に5台が新製配置された。

つ76（いすゞ U-LR332J改）

前年に続いて導入された一般路線用のエアロミディMKのU-車。1995年式は前中引戸の新ステップ車となり、改造型式になっている。116台新製され、すべての営業所に配置された。

つ36（三菱ふそうU-MK218J改）

せ313（いすゞU-LR332J改）

ジャーニーKの一般路線車だったせ51は、綾瀬市の「ばらバス」に転用され、せ313に改番された。この「ばらバス」はコミュニティバス「かわせみ」の運行開始とともに廃止された。

ま131（三菱ふそうU-MK218J改）

エアロミディMKの一般路線車だったま131は、町田市民バス「まちっこ」に転用され、町18系統・公共施設巡回ルートに使用された。このため「まちっこ」デザインに変更された。

と307（三菱ふそうU-MK218J）

前年に引き続き3台導入された契約輸送用のエアロミディMKのU-車。前中引戸・銀枠引き違い窓で、中扉にリフトを装備。よ301・と307・や310の社番でスクールバスに使用された。

ち301（三菱ふそうKC-MK219J）

一般路線車に先駆けて1台採用された契約輸送用のエアロミディMKのKC-車。エンジンとホイールベースはU-車と同じである。茅ヶ崎に配置され、病院の送迎輸送に使用された。

せ312（いすゞKC-LV380N）

一般路線車に先駆けて1台登場した契約輸送用のキュービックのKC-車。エンジンは8PE1型、ホイールベースは5300mmで、自家用マスク・トップドアのいすゞボディが架装された。

い111（日産ディーゼルKC-UA460LAN改）

初めて採用された日産ディーゼルUAのKC-車。エンジンはPG6型、ホイールベースは5240mmで、中扉にリフトを装備するエアサス車。写真はのちにLED表示器に改造された姿である。

や304（三菱ふそうKC-MP217M）

一般路線車に先駆けて1台登場した契約輸送用のエアロスターのKC-車。エンジンは6D24型、ホイールベースは5300mmで、トップドアのMBMボディを架装。企業の送迎に使用された。

つ306（三菱ふそうU-MP218M）

前年に引き続き導入された契約輸送用のエアロスターのU-車。前中折戸・銀枠引き違い窓のMBMボディを持つ。エアロスターのU-車の最後の1台として、津久井に配置されていた。

あ308（三菱ふそうKC-BE438F）

1995年に初めて登場したローザロングボディのKC-車。エンジンは4D35型、ホイールベースは3765mmで、前後輪とも車軸懸架のリーフサス。は304・あ308の社番で新製配置された。

M-0634（三菱ふそうU-MS821P）

神奈中ハイヤーが神奈川県観光から引き継いだエアロクィーンⅠのU-車。神奈中の自社発注車とは側窓のガラスの色が異なっている。53人乗りのM-0634・M-0635が在籍していた。

1996(平成8)年の車両

　1996(平成8)年はKC-車の導入が本格的に開始された。一般路線バスは中型の採用を継続。大型の新製も再開されたが、三菱以外は少なく、いすゞは茅ヶ崎・津久井に5台、日産ディーゼルは平塚に1台、日野は伊勢原に1台配置されたのみである。三菱車にはリフトつきバスと蓄圧式ハイブリッドバスMBECSⅡが加わった。貸切バスには初めてエアロクィーンⅡが登場。契約輸送用は三菱の大型、三菱・いすゞ・日産ディーゼルの中型が採用された。なお、4月には秦野営業所の一部路線を運行する湘南神奈交バスが営業を開始した。

つ14(いすゞ KC-LV380L)

1996年に初めて採用された一般路線用のキュービックのKC-車。U-車までとは異なる短尺となり、エンジンは8PE1型、ホイールベースは4800㎜である。津久井に1台だけ配置された。

ち12(いすゞ KC-LV380L改)

キュービックとともに導入された富士7E型ボディを持つLVのKC-車。ホイールベースの短縮により、日デ車とは異なる窓配置になった。茅ヶ崎と津久井に2台ずつ配置されている。

ふ75（いすゞKC-LR333J改）

1996年に初めて登場したジャーニーKのKC-車。エンジンは6HH1型、ホイールベースは4400㎜で、冷房は引き続きゼクセル製が搭載されている。藤沢に1台、平塚に2台配置された。

せ72（いすゞKC-LR333J改）

いすゞボディ架装車とともに導入された富士8E型ボディを持つLRのKC-車。U-車と同じ富士重工製の冷房である点がいすゞボディとは異なる。平塚と綾瀬に1台ずつ配置されている。

ち302（いすゞKC-LR333J改）

1996年に1台だけ採用された契約輸送用ジャーニーKのKC-車。観光マスク・トップドア・銀枠引き違い窓のいすゞボディが架装されている。茅ヶ崎で企業の送迎輸送に使用された。

は32（日野KC-RJ1JJAA改）

1996年に初めて導入されたレインボーRJのKC-車。エンジンはJ08C型、ホイールベースは4490㎜で、デンソー製の冷房が搭載されている。秦野に2台、綾瀬に1台配置されている。

ひ16（日産ディーゼルKC-UA460LSN改）

一般路線車として初めて採用された富士7E型ボディを持つUAのKC-車。日産ディーゼル車は引き続き中間尺が選ばれ、富士重工製の冷房も踏襲された。平塚に1台だけ配置された。

や112（日産ディーゼルKC-RM211GSN改）

1996年に初めて導入された富士8E型ボディを持つRMのKC-車。エンジンはFE6E型、ホイールベースは4280mmで、富士重工製の冷房を搭載。大和に2台、相模原に1台配置されている。

せ314（日産ディーゼルKC-RM211GSN）

1996年に1台だけ採用された富士8B型ボディを持つRMのKC-車。トップドア・黒枠引き違い窓の自家用タイプで、ハイバックシートを装備する。企業の送迎輸送に使用されていた。

と9（三菱ふそうKC-MP217M改）

エアロスターM型の最終増備車で、一般路線用は1996年だけに導入された。なお、KC-車は大型・中型ともすべて新ステップ車で、大型は通風装置が5基から3基に変更されている。

つ307（三菱ふそうKC-MP217M）

契約輸送用のエアロスターのKC-車は前年に続いての採用となったが、1996年式は前中折戸・銀枠引き違い窓というスタイル。つ302・つ307の社番でスクールバスに使用された。

よ10（三菱ふそうKC-MP237M改）

1996年に2台採用されたエアロスターの蓄圧式ハイブリッドバスMBECSII。一般車と同じ中間尺を選択。よ10・さ38として稼働を開始したが、さ38はのちにさ173に改番されている。

ま5（三菱ふそうKC-MP617M改）

1996年に1台だけ新製されたリフトつきのエアロスター。中扉のグライドスライドドアにリフトを装備し、ニーリング機能つきのエアサス仕様である。特別カラーをまとっていた。

よ305（三菱ふそうKC-MP617M）

契約輸送用として1台導入されたエアサス仕様のエアロスターのKC-車。トップドア・銀枠2段窓で、両側に2人掛けシートが並ぶ自家用タイプ。スクールバスとして使用された。

ふ26（三菱ふそうKC-MK219J改）

1996年に初めて採用された一般路線用のエアロミディMKのKC-車である。藤沢に4台、茅ヶ崎に2台、秦野に4台、厚木に3台、相模原に10台、大和に3台、綾瀬に1台が配置された。

と308（三菱ふそうKC-MK219J）

前年に続いて導入された契約輸送用のエアロミディMKのKC-車。と308は前中引戸・銀枠引き違い窓で、中扉にリフトを装備している。養護学校のスクールバスに使用されていた。

ふ306（三菱ふそうKC-MK219J）

同じく契約輸送用のエアロミディMKのKC-車だが、こちらはトップドア・銀枠引き違い窓で、両側に2人掛けシートが並ぶ自家用スタイルである。ふ306・ま319の2台が在籍した。

ひ622（三菱ふそうKC-MS822P）

1996年に初めて採用された低運転席仕様のエアロクィーンⅡのKC-車。エンジンは8M21型、ホイールベースは6150mmで、後部トイレつきの48人乗り。ひ621・ひ622の2台が在籍した。

ひ303（三菱ふそうKC-BE438F）

前年に続いて2台新製されたローザロングボディのKC-車。エンジンやシャーシ・ボディの仕様は前年式と同じである。ひ302・ひ303の社番で、企業の送迎輸送に使用されていた。

や308（三菱ふそうKC-BE439F）

同じくローザロングボディのKC-車で、こちらは全農首都圏青果センターから引き継ぎ、同団体の契約輸送に使用されていたもの。エンジンが自社発注車とは異なる4D34型である。

1997(平成9)年の車両

　1997(平成9)年も引き続きKC-車が導入されている。一般路線バスは再び大型中心に戻り、4メーカーが揃って導入された。三菱製はニューエアロスターとなり、エアサス仕様のワンロマタイプ「スヌーピーバス」も採用された。また小型の日野リエッセが初めて登場したが、中型の増備は行われていない。貸切バスは床下運転席仕様のエアロクィーンⅢ、エアロバスに加え、初めていすゞガーラが低運転席仕様で採用された。契約輸送用は三菱の大型・中型・小型、いすゞの中型・小型、日産ディーゼルの大型が導入されている。

T-0607(いすゞ KC-LV782R1)

1997年に初めて登場したガーラⅢ。低運転席タイプが選択された。エンジンは12PE1、ホイールベースは6150mmで、T-0607は後部トイレつきの48人乗り、T-0608は54人乗りである。

H-0615(三菱ふそうKC-MS822P)

前年に続いて導入されたエアロクィーンのKC-車だが、1997年は床下運転席のエアロクィーンⅢが選択された。H-0615は固定窓、M-0606はT字型窓で、いずれもトイレつきである。

H-0619(三菱ふそうKC-MS822P)

同じく1997年に導入されたKC-車だが、こちらはエアロクィーンⅠ。乗客定員は正席49＋補助席8＝57人である。なお、貸切車は1997年式から小田急グループカラーで新製されている。

M-0633（三菱ふそうKC-MS829P）

1997年式は2台が在籍していた標準尺のエアロバス。ボディは三菱製で、乗客定員は60人。神奈中ハイヤーが神奈川県観光から引き継ぎ、M-0632・M-0633として使用を開始した。

M-0615（三菱ふそうKC-MS829PA）

1997年式は1台だけ在籍していた標準尺でフルエアブレーキ仕様のエアロバス。ボディは三菱製、乗客定員は60人である。箱根登山観光から移籍し、M-0615として使用されていた。

H-0623（三菱ふそうKC-MS829M）

1997年に新製された短尺のエアロバス。エンジンは8DC11型、ホイールベースは5400mm、乗客定員は55人で、三菱製のボディが架装されている。H-0623・M-0607として配置された。

ひ802（三菱ふそうKC-MS815N）

1997年に導入されたエアロバススタンダードデッカー。エンジンは8DC9型、ホイールベースは5750mm、乗客定員は55人。ひ802・あ801・あ803の3台が深夜急行バスに使用された。

ひ501（日産ディーゼルKC-UA521NAN）

1997年に1台だけ採用された長尺のUA。エンジンはRF8型、ホイールベースは5550mmで、富士7B型ボディを架装。は109として新製されたのち、貸切に転用され、ひ501となった。

あ68（日産ディーゼルKC-UA460LAN改）

1997年に1台だけ新製されたエアサス仕様のUA。前中引戸・黒枠引き違い窓の富士7E型ボディにハイバックシートを取り付けたワンロマ車。青色のカモメカラーに塗られていた。

ひ99（日産ディーゼルKC-UA460LSN改）

前年に引き続き導入された一般路線用のUAのKC-車。前中引戸・銀枠2段窓の富士7E型ボディは前年式と同型である。ひ37・ひ99・ひ119・は54・は73・は75の社番が与えられた。

い1（日野KC-HT2MMCA改）

前年に引き続き採用された一般路線用のブルーリボンHTのKC-車。前中引戸・銀枠2段窓の日野ボディは前年式と変わらない。上期と下期に4台ずつ、伊勢原で稼働を開始している。

ふ202（日野KC-RX4JFAA）

初めて登場したリエッセ。エンジンJ05C型、ホイールベース3550㎜のAT車。10台が戸塚・藤沢・相模原・町田・湘南神奈交バスに配置され、町田では「まちっこ」に使用された。

か505（三菱ふそうKC-BE438F）

前年に引き続き2台導入されたローザロングボディのKC-車。折戸・銀色サッシのボディで、前後輪ともリーフサス。平塚に配置されたが、1台は湘南神奈交バスでも使用された。

や306（三菱ふそうKC-MK219F）

1997年に1台だけ採用された短尺エアロミディのKC-車。エンジンは6D17型、ホイールベースは3770㎜である。せ303として新製されたが、のちに転属してや306→あ501となった。

さ308（三菱ふそうKC-MK219J）

前年に引き続き1台だけ新製された契約輸送用のエアロミディMKのKC-車。トップドア・銀枠引き違い窓のボディを持つ。相模原に配置されたが、津久井→多摩→町田と転属した。

ひ303（三菱ふそうKC-MK219J）

同じく契約輸送用のエアロミディMKのKC-車だが、こちらは中古購入したもので、前中折戸・銀枠引き違い窓・路線タイプのシートである。平塚で企業の送迎輸送に使用された。

や305（三菱ふそうKC-MK619J）

契約輸送用のエアロミディMKのKC-車で、エアサス仕様となっている。トップドア・銀枠引き違い窓の3台が、あ311・あ312・や305として新製され、いずれものちに転属している。

せ305（三菱ふそうKC-MP317K）

1997年に初めて登場した短尺のニューエアロスター。エンジンは6D24型、ホイールベースは4800㎜。前中引戸・銀枠逆T字型窓・中扉リフトつきで、スクールバスに使用された。

ま303（三菱ふそうKC-MP317M）

同じく初めて登場した中間尺のニューエアロスター。エンジンは6D24型、ホイールベースは5300㎜。ま301・ま303は前中引戸・銀枠引き違い窓・中扉リフトつきのスクールバス。

ま320（三菱ふそうKC-MP317M）

同じく中間尺ニューエアロスターのKC-車だが、ま320はトップドア・引き違い窓の自家用タイプ。車内は両側に2人掛けのベンチシートが並び、スクールバスとして使用された。

お88（三菱ふそうKC-MP317M）

1997年に初めて導入された一般路線用のニューエアロスター。引き続き中間尺が選択され、前中引戸・銀枠逆T字型窓のMBMボディを持つ。茅ヶ崎を除く営業所に135台配置された。

あ310（三菱ふそうKC-MP717M）

1997年に1台新製された契約輸送用でエアサス仕様のニューエアロスター。トップドア・銀枠引き違い窓のMBMボディを持つ。あ310として新製されたが、のちにせ310となっている。

い77（三菱ふそうKC-MP717M）

計14台が各営業所に1台配置された「スヌーピーバス」。貸切使用も考慮したエアサス・ターボつきエンジンのワンロマ車。著作権上、スヌーピーを外したのちの写真を掲載する。

ふ77（いすゞKC-LV380L）

前年に引き続き採用された一般路線用のキュービックのKC-車。前中引戸・銀枠2段窓のいすゞボディは前年式と同型である。藤沢に3台、津久井に2台、綾瀬に5台新製配置された。

ち44（いすゞKC-LV380L改）

前年に引き続き導入された一般路線用のLVのKC-車。前中引戸・銀枠2段窓の富士7E型ボディは前年式と変わっていない。茅ヶ崎に8台、秦野に3台、津久井に4台新製配置された。

は312（いすゞKC-LR333J）

1997年式は1台だけ在籍した契約輸送用のジャーニーKのKC-車。観光マスク・トップドア・銀枠引き違い窓のボディを持つ。湘南観光開発から引き継ぎ、同社の輸送に使用していた。

た506（いすゞKC-JRYW40）

契約輸送用の1台が在籍したジャーニーのKC-車。日産からのOEM供給モデルで、エンジンはTD42型、ホイールベースは3690㎜。中古購入し、藤沢→戸塚→多摩→綾瀬と転属した。

1998（平成10）年の車両

　1998（平成10）年もKC-車が導入されている。一般路線バスは4メーカーの大型を増備。神奈中初のノンステップバスが登場し、リフトつきバス、ワンロマ車も導入された。小型のリエッセも増備されている。貸切バスではエアロクィーンⅠ・エアロバス・ガーラと9m尺のエアロバス・ガーラを採用。契約輸送用では三菱の中型・大型、日野の中型が導入された。なお、1998年以降は2005年取材時の写真を掲載する。この取材では型式・タイプごとに1台を撮影したため、全型式・全年式の写真を紹介できないことをご容赦いただきたい。

ま095（三菱ふそうKC-MP747K）

初めて採用されたエアロスターノンステップバス。ホイールベース4800mmの短尺タイプで、中扉はグライドスライドドア。カモメカラーの6台が舞岡・相模原・町田に配置された。

あ61（三菱ふそうKC-MP717M）

1998年に26台増備されたエアサス仕様のワンロマ車「スヌーピーバス」。なお、エアロスターではほかにカモメカラーのワンロマ車が1997年に12台、1998年に3台新製されている。

と53（三菱ふそうKL-MP337M）

1998年に2台採用されたエアロスターの蓄圧式ハイブリッドバスMBECSⅢ。1996年式のMBECSⅡと異なり、青色のカモメカラーをまとっている。お158・と53の社番が付与された。

ま197（三菱ふそうKC-MP717M改）

1996年に続いて1台投入されたリフトつきのMP。ボディがニューエアロスターとなったが、オリジナルのカラーリングは踏襲されている。1996年式とともに町田に配置されていた。

ま087（三菱ふそうKC-MP317M）

引き続き導入された中間尺エアロスターのKC-車。前中引戸・銀枠逆T字型窓のツーステップバス。29台が横浜・舞岡・戸塚・平塚・厚木・相模原・津久井・大和・町田に配置された。

か1019（日産ディーゼルKC-UA460LSN改）

前年に引き続き採用された中間尺UAのKC-車。前中引戸・銀枠2段窓の富士7E型ボディは前年式と同型である。は15・は106が湘南神奈交バスに移籍し、か1019・か1020となった。

ふ031（いすゞKC-LV380L）

前年に続いて増備された中間尺キュービックのKC-車。前中引戸・銀枠2段窓のツーステップバスで、スタイルは前年式と変わっていない。藤沢と綾瀬に3台ずつ新製配置された。

た13（いすゞKC-LV380L改）

前年に引き続き導入された中間尺LVのKC-車。こちらは前中引戸・銀枠2段窓の富士7E型ボディ。茅ヶ崎に2台、町田に3台、綾瀬に1台配置されたが、町田の3台は多摩に転属した。

い50（日野KC-HT2MMCA改）

前年に続いて増備された中間尺ブルーリボンHTのKC-車。い50・い81として就役した。写真はLED化改造後の姿である。この2台を最後に日野の大型車の新製はしばらく見送られた。

あ304（日野KC-RH4JEAA）

1998年に2台新製されたレインボー7WのKC-車。エンジンはJ05C型、ホイールベースは3430mmで、黒枠引き違い窓のスタイルである。いずれも厚木で契約輸送に使用されていた。

ひ0107（日野KC-RX4JFAA）

前年に引き続き導入されたリエッセのKC-車。トルコンAT仕様で、青色のアヒルカラーに塗られている。戸塚に1台、伊勢原に2台、相模原に1台配置されたが、のちに転属している。

せ501（三菱ふそうKC-BE632G）

フルモデルチェンジされたローザで、4M51型エンジン、ホイールベース3995mmのロングボディを2台購入した。ひ308・ま302として就役したが、のちに転属や用途変更があった。

T-0617（いすゞKC-LV780H1）

1998年に初めて1台採用されたガーラⅣ。エンジンは8PE1型、ホイールベースは4150mm、乗客定員は33人で、サブエンジン式の冷房を搭載している。戸塚に新製配置された。

T-0602（いすゞKC-LV782R1）

前年に続いて1台新製されたガーラⅢのKC-車。正席45＋補助席9＝54人乗りで、後部の1列が回転するセミサロン。側窓が5枚ともT字型のスタイルは前年式のT-0608と同じである。

H-0624（三菱ふそうKC-MM822H）

1998年に初めて1台導入されたエアロバスMMのKC-車。エンジンは6D16型、ホイールベースは4200mmで、サブエンジン式の冷房を搭載。乗客定員は正席29＋補助席4＝33人である。

H-0617（三菱ふそうKC-MS822P）

前年に続いて3台新製されたエアロクィーンだが、1998年はエアロクィーンⅠが選択されている。T-0618・M-0610は56人乗り、H-0617は後部にリフトを装備する44人乗りである。

1999(平成11)年の車両

　1999(平成11)年もKC-車の増備が続けられたが、中型・小型では「平成10年排出ガス規制」適合の
KK-車の導入が開始された。一般路線車は三菱・いすゞ・日産ディーゼルの大型、三菱・いすゞの中型を
導入。三菱製のノンステップバスも増備されている。夜行高速バスが車両代替の時期を迎え、エアロキン
グとエアロクィーンⅠが登場。新たに開業した空港連絡バスにエアロバススタンダードデッカーが投入
された。貸切バスはハイデッカーとなり、ガーラⅠが新製されている。なお、11月には津久井神奈交バス
が営業を開始した。

YK701(三菱ふそうKC-MU612TA)

初めて採用されたエアロキング。エンジンは8M21型、ホイールベースは5650＋1250㎜で、2階が3列30席、1階が4列8席＋トイ
レのレイアウト。横浜と戸塚に1台ずつ新製配置された。

YK704(三菱ふそうKC-MS822P)

高速バスに初めて導入されたエアロクィーンⅠ。中央トイレつ
きの29人乗りである。横浜に2台、厚木に1台配置され、夜行バ
スの横浜神奈交バスへの移管とともに転属している。

ひ850(三菱ふそうKC-MS829S)

1999年に開業した羽田空港連絡バス用として、2台投入された
エアロバススタンダードデッカーのKC-車。エンジンは8DC11
型、ホイールベースは6500㎜、乗客定員は55人である。

M-0631（三菱ふそうKC-MS829P）

神奈川県観光から引き継いだエアロバス。1998年式のT-0625・M-0644は59人乗り、1999年式のH-0626・M-0609・M-0631・M-0643は60人乗り。一部は県観光カラーのまま活躍した。

T-0613（いすゞKC-LV781R1）

1999年に初めて採用されたガーラI。エンジンは10PE1型、ホイールベースは6150mmで、神奈中の先代ガーラのハイデッカーは1台だけだった。正席49＋補助席11＝60人乗りである。

ふ093（いすゞKC-LV380L）

前年に引き続き導入された中間尺キュービックのKC-車。1999年式から側面方向幕の部分の窓が1枚ガラスに変更されている。新製はわずか3台で、藤沢・大和・綾瀬に配置された。

ち6（いすゞKC-LV380L改）

前年に続いて採用された中間尺の富士7E型ボディを持つLVのKC-車。1999年式は側面方向幕が設置された窓が1枚ガラスに変更されている。新製は2台のみで、茅ヶ崎に配置された。

さ0135（いすゞKK-LR333J1）

1999年に初めて登場したエルガミオツーステップバス。エンジンは6HH1型、ホイールベースは4400mmで、ゼクセル製のビルトインタイプの冷房を搭載。相模原に3台配置された。

は114（日産ディーゼルKC-UA521NAN）

1998年と1999年に2台ずつ導入された高出力・長尺の路線車。トップドア・黒枠引き違い窓の富士7B型ボディが架装されている。秦野に配置され、企業の通勤路線に使用された。

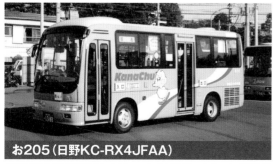

お205（日野KC-RX4JFAA）

前年に引き続き増備されたリエッセのKC-車。トルコンAT仕様で、青色のアヒルカラーに塗られている。綾瀬に3台新製配置されたが、のちに舞岡と藤沢神奈交バスに転属している。

ひ309（日野KC-RX4JFAA）

同じくリエッセのKC-車だが、こちらは契約輸送用の特定車。旧貸切カラーに塗られ、中扉のグライドスライドドアにリフトを装備している。平塚でスクールバスに使用されていた。

あ86（三菱ふそうKC-MP317M）

前年に引き続き導入された中間尺エアロスターのKC-車。1999年式から側面方向幕の部分の窓が1枚ガラスに変更されている。計34台が秦野を除く各営業所に新製配置されている。

ひ512（三菱ふそうKC-MP317M）

契約輸送用として新製された中間尺エアロスターのKC-車。トップドア・銀枠引き違い窓のリーフサス車である。ひ512・ひ513・つ301として就役し、つ301は多摩に転属している。

と54（三菱ふそうKL-MP337M）

前年に続いて採用された蓄圧式ハイブリッドバスMBECSⅢ。青色のカモメカラーで、1999年式から側面方向幕の部分の窓が1枚ガラスになった。横浜・戸塚に1台ずつ配置された。

さ2（三菱ふそうKC-MP747K）

前年に引き続き導入された短尺エアロスターノンステップバスのKC-車。カモメカラーで、側面方向幕の部分の窓が1枚ガラスになった。戸塚・相模原・町田に1台ずつ配置された。

SK2008（三菱ふそうKK-MK23HJ）

1999年に初めて登場したエアロミディMKのKK-車。エンジンは6M61型、ホイールベースは4390㎜である。秦野と相模原に配置され、のちに一部が相模神奈交バスに移籍している。

せ301（三菱ふそうKK-MK23HJ）

契約輸送用として新製されたエアロミディMKのKK-車。トップドア・銀枠引き違い窓で旧貸切カラーに塗られ、2人掛けハイバックシートが装着されている。綾瀬に1台配置された。

ひ328（三菱ふそうKC-MK219J改）

契約輸送用のエアロミディMKのKC-車。前中引戸・銀枠2段窓で、中扉にリフトを装備する。平塚に2台配置された。なお、1999年には本型式の路線車も秦野に4台配置されている。

あ301（三菱ふそうKK-BE63EG）

1999年に初めて1台採用されたローザロングボディのKK-車。エンジンは4M51型、ホイールベースは3995㎜。メーカーのサンプルカラーをまとい、厚木市の契約輸送に使用された。

2000(平成12)年の車両

　2000(平成12)年は中型・小型のKK-車に加え、大型のKL-車が導入された。一般路線車はツーステップバスの最終導入年で、三菱の大型・中型、いすゞの中型が新製された。三菱のノンステップバス、日産ディーゼルのトップドア車、日野の小型車も増備された。空港連絡バスにエアロバス、貸切バスにエアロバスとエアロクィーンI・IIを採用。契約輸送用にはいすゞの大型・中型、三菱の大型・中型・小型とワンボックスタイプが導入された。なお、10月には舞岡営業所の一部路線を運行する横浜神奈交バスが営業を開始した。

ひ0105(いすゞ KK-LR333J1)

前年に続いて導入されたエルガミオのKK-車。前中引戸・黒枠逆T字型窓のツーステップバスである。藤沢・平塚・秦野・相模原に14台配置されたが、のちに転属した車両が多い。

や307(いすゞ KL-LR233J1)

一般路線車に先駆けて採用された契約輸送用のエルガワンステップバス。前中4枚折戸・銀枠T字型窓で、ゼクセル製の冷房ユニットを屋根上に搭載。大和に1台だけ配置された。

せ307(いすゞ KC-LV380L)

2000年に2台新製された契約輸送用のキュービック。前中引戸・銀枠引き違い窓のツーステップバスで、神奈中最後のキュービックとなった。綾瀬で企業の送迎バスに使用された。

は126（日産ディーゼルKC-UA521NAN）

1997年から導入が続けられてきた高出力・長尺・トップドアの一般路線車。2000年には最後の1台が新製されている。旧貸切カラーで秦野に配置され、企業の通勤路線に使用された。

や315（日産KK-BHW41）

2000年式の1台が在籍したシビリアンのKK-車。エンジンはTD42型、ホイールベースは3690㎜のロングボディである。大和しらかし会から引き継ぎ、同法人の契約輸送に使用した。

お201（日野KK-RX4JFEA）

2000年に初めて採用されたリエッセのKK-車。エンジンとホイールベースはKC-車と同じで、青色のアヒルカラーに塗られた外装も変わらない。お201・お202の社番が付与された。

い306（三菱KH-RF8W改）

2000年に1台だけ導入された三菱自動車のデリカ。エンジンはディーゼルの4M40型、ホイールベースは3000㎜で、4WD仕様となっている。伊勢原で老健施設の送迎に使用された。

お301（三菱ふそうKK-BE63EE）

初めて採用されたローザショートボディのKK-車。エンジンは4M51型、ホイールベースは3490㎜である。横浜から舞岡に移ってお301となった1台が、スクールバスに使用された。

ひ509（三菱ふそうKK-BE63EG）

前年に引き続き導入されたローザロングボディのKK-車。伊勢原から平塚に移ってひ509となった1台は、折戸・銀色サッシ・ハイルーフで、このあとも転属を繰り返している。

よ309（三菱ふそうKK-BE63EG）

同じく2000年に新製されたローザロングボディのKK-車。よ308・よ309は折戸・銀色サッシ・標準ルーフで、後面に非常扉がある幼児車。横浜で幼稚園バスとして使用されていた。

や093（三菱ふそうKK-MK23HJ）

前年に続いて導入されたエアロミディMKのKK-車。前中引戸・銀枠引き違い窓・リーフサスのツーステップバスである。舞岡・平塚・秦野・相模原・大和に46台が新製配置された。

ま315（三菱ふそうKK-MK23HJ）

契約輸送用として新製されたエアロミディMKのKK-車。ま315・ま316は前中引戸・銀枠引き違い窓で、中扉にリフトを装備している。東京都の特定輸送を行うスクールバスだった。

せ302（三菱ふそうKK-MK23HJ）

同じく契約輸送用として採用されたエアロミディMKのKK-車。せ302はトップドア・銀枠引き違い窓・リーフサスのツーステップバスである。綾瀬で企業の特定輸送を行っていた。

ひ47（三菱ふそうKC-MP317M）

前年に続いて導入された中間尺エアロスターのKC-車。前中引戸・銀枠逆T字型窓・リーフサスのツーステップバスである。2000年の新車は2台だけで、いずれも平塚に配置された。

た303（三菱ふそうKC-MP317M）

契約輸送用として2000年には1台だけ新製された中間尺エアロスターのKC-車。前中折戸・銀枠引き違い窓のツーステップバス。津久井に配置されたが、多摩の新設により転属した。

ふ35（三菱ふそうKL-MP337M）

1998年から毎年採用されてきた蓄圧式ハイブリッドバスMBECSⅢ。前中引戸・銀枠引き違い窓のツーステップバスで、カモメカラーをまとう。2000年は藤沢に1台だけ配置された。

せ308（三菱ふそうKL-MP33JK）

2000年に初めて登場したエアロスターのKL-車。さ302はホイールベース4800mmの短尺タイプで、中扉部分にパワーゲートを装備する。2006年の取材時には綾瀬に配置されていた。

い84（三菱ふそうKL-MP33JM）

初めて採用された中間尺エアロスターツーステップバスのKL-車。エンジンは6M70型、ホイールベースは5300mmである。一気に80台新製され、相模原を除く各営業所に配置された。

い89（三菱ふそうKL-MP37JK）

2000年に初めて登場した短尺エアロスターノンステップバスのKL-車。KC-車と同じカモメカラーに塗られている。戸塚に2台、伊勢原に1台、相模原に1台、町田に2台配置された。

さ850（三菱ふそうKC-MS829P）

2000年に相模原に3台配置された空港連絡用エアロバスのKC-車。成田系統に使用されるため直結式冷房・ワイドトランク仕様で、後部トイレつき補助席なしの42人乗りとなった。

H-0611（三菱ふそうKC-MS829P）

2000年に2台が導入された標準尺エアロバスのKC-車。正席45＋補助席8＝53人乗りのセミサロンで、平塚と町田に1台ずつ配置。なお、2000年にはエアロバスのKL-車も新製された。

T-0620（三菱ふそうKC-MS829M）

1997年に続いて1台だけ新製された短尺エアロバスのKC-車。上高地などの狭隘路があるツアーに対応した車両である。正席45＋補助席10＝55人乗りで、戸塚に配置されていた。

H-0610（三菱ふそうKC-MS822P）

1998年に続いて1台導入されたエアロクィーンⅠのKC-車。正席49＋補助席6＝55人乗りで、平塚に配置されていた。なお、2000年にはエアロクィーンⅠ・ⅡのKL-車も新製された。

M-0618（三菱ふそうKC-MS822PA）

2000年式の2台が在籍したフルエアブレーキ仕様のエアロクィーンⅠ。正席45＋補助席8＝53人乗りのセミサロン。箱根登山観光からの移籍車で、側窓のガラスがブロンズである。

2001（平成13）年の車両

　2001（平成13）年も大型のKL-車と中型・小型のKK-車が導入された。また社名の略称をひらがな表記した新しいマークが車体に掲げられた。一般路線車にはワンステップバスが登場し、三菱・いすゞ・日産ディーゼルの大型、三菱・いすゞの中型、日野の小型が新製された。空港連絡バスにエアロバス、貸切バスにエアロバスとエアロクィーンⅠ・Ⅱを採用。契約輸送用には三菱の大型・中型・小型、いすゞの大型が導入された。なお、4月には相模神奈交バスと藤沢神奈交バスが営業を開始。7月には多摩営業所が新設されている。

ひ41（三菱ふそうKL-MP35JM）

2001年式からエアサス仕様のワンステップバスとなったエアロスター。このうち15台は2代目のギャラリーバス「かなちゃん号」として新製され、各営業所に1台ずつ配置された。

あ0152（三菱ふそうKL-MP35JM）

2001年に初めて採用されたエアロスターワンステップバスのKL-車。前中引戸・銀枠逆T字型窓のボディを持つエアサス車である。計130台が茅ヶ崎を除く各営業所に配置された。

と314（三菱ふそうKL-MP33JM）

前年に引き続き導入されたエアロスターツーステップバスのKL-車。こちらは契約輸送用で、トップドア・銀枠逆T字型窓のリーフサス車である。戸塚に1台だけ配置されていた。

は030（日産ディーゼルKL-UA452MAN）

初めて登場した富士7E型ボディを持つUAワンステップバスのKL-車。エアサス仕様で、エンジンはPF6H型、ホイールベースは5300㎜、冷房は富士重工製。2台が秦野に配置された。

さ301（いすゞ KL-LV280L1）

契約輸送用として新製されたエルガツーステップバスのKL-車。トップドア・黒枠逆T字型窓・ハイバックシートで、旧貸切カラーに塗られている。相模原に1台だけ配置されていた。

つ022（いすゞ KL-LV280L1）

2001年に初めて採用されたエルガワンステップバスのKL-車。エンジンはV8の8PE1型、ホイールベースは短尺の4800㎜である。藤沢に3台、津久井に3台、綾瀬に2台が配置された。

ち23（いすゞ KL-LV280L1）

初めて登場した富士7E型ボディを持つLVワンステップバスのKL-車。エアサス仕様である。日デ車とは窓配置が異なり、冷房もゼクセル製である。茅ヶ崎に4台が新製配置された。

は29（いすゞKK-LR233J1改）

2001年に初めて導入されたエルガミオワンステップのKK-車。エアサス仕様で、デンソー製の冷房を搭載。藤沢・秦野・大和に1台ずつ配置され、秦野の車両はアヒルカラーだった。

と205（日野KK-RX4JFEA）

前年に引き続き採用されたリエッセのKK-車。トルコン式のATを装備している。ほかのリエッセと同じように青色のアヒルカラーで登場。戸塚に就役し、のちに茅ヶ崎に転属した。

と304（三菱ふそうKK-MK23HJ）

前年に引き続き導入されたエアロミディMKツーステップバスのKK-車。契約輸送用の特定車で、トップドア・銀枠引き違い窓のリーフサス車である。戸塚に1台だけ配置されていた。

と206（三菱ふそうKK-MK25HJ改）

2001年に初めて採用されたエアロミディMKワンステップバスのKK-車。エアサス仕様で、三菱製のパッケージタイプの冷房が搭載された。アヒルカラーの2台が戸塚に配置された。

さ32（三菱ふそうKK-MJ26HF改）

2001年に1台登場したエアロミディMJノンステップバスのKK-車。7m尺のシャーシがベースで、エンジンは6M61型、ホイールベースは5260mm。町田に新製配置され、相模原に転属した。

M-0640（三菱ふそうKL-MS86MP）

前年から採用されているエアロクィーンⅡのKL-車。エンジンは8M21型、ホイールベースは6150㎜。前年式はM-0628、2001年
式はM-0640で、いずれも53人乗りのセミサロンである。

ひ853（三菱ふそうKL-MS86MP）

2001年に初めて1台投入された空港連絡用エアロバスのKL-
車。直結式冷房・ワイドトランク仕様で、成田系統に運用され
ていた。後部トイレつきで補助席のない42人乗りである。

さ854（三菱ふそうKL-MS86MS）

初めて2台新製された羽田空港連絡用エアロバススタンダー
ドデッカーのKL-車。エンジンは8M21型、ホイールベースは
6500㎜、冷房はサブエンジン式、乗客定員は55人である。

ま304（三菱ふそうKK-BE63EG）

前年に引き続き導入されたローザロングボディのKK-車。ま
304は前後輪ともリーフサスで、折戸・銀色サッシ・ハイルー
フのボディを持つ。のちに橋本に転属して使用された。

よ307（三菱ふそうKK-BE63EG）

同じく2001年に新製されたローザロングボディのKK-車。よ
307は前後輪ともリーフサスで、折戸・銀色サッシ・標準ルーフ・
後面非常扉つきのボディ。幼稚園バスに使用された。

2002（平成14）年の車両

　2002（平成14）年も大型のKL-車と中型・小型のKK-車が導入された。一般路線バスは4メーカーの大型ワンステップバスが揃って採用され、三菱の大型・小型ノンステップバス、中型ワンステップバス、クセニッツの小型ノンステップバスも導入された。空港連絡バスにはエアロバス、貸切バスにはエアロバス・エアロクィーンI・ガーラGHDと小型のエアロミディが採用されている。神奈中ハイヤーは2月に箱根登山バス東京営業所を統合。7月に神奈中傘下の神奈川県観光を神奈中ハイヤー観光バスに改称し、12月に貸切バス事業を同社に譲渡した。

い28（日野KL-HU2PMEA）

4年ぶりに新製された日野の大型路線車。ブルーリボンシティ HUワンステップバスで、エンジンはP11C型、ホイールベースは5200mm。い28・い38・い61として稼働を開始している。

ふ064（いすゞKL-LV280L1）

前年に続いて導入された短尺エルガワンステップバスのKL-車。前中引戸・黒枠逆T字型窓で、2002年式から側窓がサッシレスになっている。藤沢に6台、綾瀬に4台が配置された。

ち2（いすゞKL-LV280L1）

前年に引き続き採用された短尺の富士7E型ボディを持つLVのKL-車。前中引戸・銀枠逆T字型窓のスタイルは前年式と同一。茅ヶ崎と大和に3台ずつ配置され、所管路線で活躍した。

は086（日産ディーゼルKL-UA452MAN）

前年に引き続き導入された中間尺の富士7E型ボディを持つUAのKL-車。富士重工製のパッケージタイプの冷房が搭載されている点がいすゞ車との違い。秦野に3台配置されている。

ま77（三菱ふそうKL-MP37JK）

2000年に続いて採用された短尺エアロスターノンステップバスのKL-車。2002年式は中扉が引戸となり、三菱製の冷房ユニットの形状も変わり、一般路線カラーで登場している。

た75（三菱ふそうKL-MP37JM）

2002年に初めて導入された中間尺エアロスターノンステップバスのKL-車。戸塚・厚木・多摩に17台配置され、団地輸送や学生輸送など収容力が求められる路線で稼働を開始した。

ま305（三菱ふそうKL-MP35JM）

契約輸送用として新製された中間尺エアロスターツーステップバスのKL-車。前中引戸・銀枠逆T字型窓で、中扉にリフトを装備する。町田に3台配置され、スクールバスに使用された。

YK1107（三菱ふそうKL-MP35JM）

前年に引き続き導入された中間尺エアロスターワンステップバスのKL-車。2002年は横浜神奈交バスに1台、藤沢神奈交バスに2台が新製配置され、それぞれのオリジナルカラーが採用された。

SK2002（三菱ふそうKK-MK25HJ改）

前年に続いて増備されたエアロミディ MKワンステップバス。と208～と210はアヒルカラー、か1003・か1004は湘南神奈交カラー、SK2001・SK2002は相模神奈交カラーで登場した。

や301（三菱ふそうKK-MK25HJ改）

契約輸送用として新製されたエアロミディ MKツーステップバスのKK-車。前中引戸・銀枠引き違い窓で、中扉にリフトを装備する。大和に2台配置され、スクールバスに使用された。

H-0620（三菱ふそうKK-MJ26HF）

2002年式が1台だけ在籍した貸切バスのエアロミディ MJのKK-車である。エンジンは6M61型、ホイールベースは3710㎜で、中型幅・7m尺のハイデッカー。乗客定員は25人である。

ひ0166（三菱ふそうKK-ME17DF）

2002年に初めて登場したエアロミディ MEノンステップバスのKK-車。エンジンは4M50型、ホイールベースは3560㎜である。平塚には青色塗装で3台配置され、狭隘路線に使用された。

あ12（三菱ふそうKK-ME17DF）

同じく2002年に新製されたエアロミディ MEのKK-車。厚木の1台は日野RBに代わり、愛川町町内循環バスに使用された。大和の5台は大和市コミュニティバス「のろっと」に使用された。

い301（三菱ふそうKK-BE63EG）

前年に引き続き導入されたローザロングボディのKK-車。前後輪ともリーフサスの仕様で、折戸・銀色サッシのボディを持つ。伊勢原に1台配置され、スクールバスに使用された。

T-0629（三菱ふそうKK-BE64DJ）

神奈中観光に1台在籍したローザスーパーロングボディのKK-車。エンジンは4M50型、ホイールベースは4550mmで、スイングドア・黒色サッシ・後面リフトつきのボディだった。

ち106（オムニノーバ マルチライダー）

2002年に採用されたスウェーデン製でフロントエンジンの小型ノンステップバス。ホイールベースは3700mmである。茅ヶ崎市コミュニティバス「えぼし号」に4台が使用された。

さ856（三菱ふそうKL-MS86MP）

前年に引き続き1台導入された成田空港連絡用エアロバスのKL-車。直結式冷房仕様で、後部トイレつきの42人乗り。2002年には羽田用のスタンダードデッカーも1台新製されている。

H-0601（三菱ふそうKL-MP86MP）

前年に続いて貸切バスに採用されたエアロクィーンIのKL-車。H-0601は後部トイレつきで47人乗り、H-0603・H-0605・H-0607・M-0612・M-0630は53人乗りのセミサロンである。

H-0608（三菱ふそうKL-MS86MP）

エアロバスは7台新製され、H-0608は直結式冷房で55人乗り、T-0606・T-0609は53人乗り、T-0622・H-0609・H-0618は60人乗り、M-0605は52人乗りクラブツーリズム契約車である。

H-0616（三菱ふそうKL-MS86MM）

前年から導入された短尺エアロバスのKL-車。ホイールベースは5400mmである。H-0612が2001年式、H-0616・M-0613・M-0627・M-0639が2002年式で、いずれも55人乗りである。

T-0612（いすゞKL-LV774R2）

2002年に初めて登場したガーラGHDのKL-車。エンジンは8TD1型、ホイールベースは6150mmである。T-0605は53人乗りのセミサロン、T-0612は後部トイレつきの50人乗りである。

2003（平成15）年の車両

　2003（平成15）年も大型のKL-車と中型・小型のKK-車が導入された。一般路線車は三菱製大型・中型ワンステップバス・ノンステップバス、小型ノンステップバス、いすゞ製大型・中型ワンステップバスを増備。エアロスターに初めてCNGノンステップバスが登場し、いすゞ製は富士ボディが架装された最後の年となった。空港連絡バスには羽田系統用のエアロバススタンダードデッカー、貸切バスにはエアロクィーンⅡ・エアロバス・ガーラGHDを採用。契約輸送用には三菱の大型・中型が導入され、エアロミディが大量増備された。

た71（三菱ふそうKL-MP37JM改）

2003年に2台だけ導入されたエアロスターのCNGノンステップバス。青色のボディカラーに塗られて登場し、た70・た71として多摩に配置されたため、中間尺タイプが選択されている。

た59（三菱ふそうKL-MP37JM）

前年に引き続き採用された中間尺エアロスターノンステップバスのKL-車。ボディスタイルは前年式と変わっていない。通学路線を所管する相模原に2台、多摩に7台が配置された。

あ221（三菱ふそうKL-MP37JK）

前年に続いて増備された短尺エアロスターノンステップバスのKL-車。前中引戸・銀枠逆T字型窓のスタイルは前年式と同一。舞岡に5台、厚木に2台、町田に10台が配置された。

よ53（三菱ふそうKL-MP35JM）

前年に引き続き導入された中間尺エアロスターワンステップバスのKL-車。MBMボディのスタイルは前年式と同一。計64台が茅ヶ崎を除く神奈中本体の各営業所に配置された。

や312（三菱ふそうKL-MP35JM）

契約輸送用として採用された中間尺エアロスターツーステップバスのKL-車。や310～や313はトップドア・銀枠逆T字型窓である。神奈川県のスクールバスとして使用されていた。

せ309（三菱ふそうKL-MP35JK）

契約輸送用として新製された短尺エアロスターツーステップバスのKL-車。トップドア・銀枠逆T字型窓で、中扉部分にパワーゲートが装着されている。綾瀬に2台配置された。

や130（三菱ふそうKK-MK25HJ）

前年に続いて増備されたエアロミディMKワンステップバスのKK-車。2003年式は冷房がデンソー製、通風装置が丸形ファンに変更されている。大和と綾瀬に3台ずつ配置された。

ひ316（三菱ふそうKK-MK25HJ）

契約輸送用として導入されたエアロミディMKツーステップバスのKK-車。ひ305・ひ315～ひ317・ま313・ま318・ま319はトップドア・銀枠引き違い窓のMBMボディが架装されていた。

ひ325（三菱ふそうKK-MK25HJ）

エアロミディMKツーステップバスのうち、よ310～よ312・と302・と303・と305～と308・と312・と313・と315・ひ301・ひ318・ひ325・ひ326は前中引戸・中扉リフトつきだった。

ふ099（三菱ふそうKK-MJ27HL）

2001年に続いて採用されたエアロミディMJノンステップバス。観光タイプと切り離した新型式となり、冷房がデンソー製になっている。アヒルカラーの3台が藤沢に配置された。

あ302（三菱ふそうKK-MJ23HF）

2003年式の2台が在籍した7m尺のエアロミディMJツーステップバスのKK-車。エンジンは6M61型、ホイールベースは3510mmである。厚木でゴルフ場の送迎輸送に使用されていた。

FK010（三菱ふそうKK-ME17DF）

前年に引き続き導入されたエアロミディ MEノンステップバスのKK-車。アヒルカラーの2台が舞岡、青色塗装の2台が平塚、オリジナルカラーの2台が藤沢神奈交バスに配置された。

と211（いすゞKK-LR233J1改）

2001年に続いて採用されたエルガワンステップバスのKK-車。2003年式は側窓がサッシレスに、前扉隣の窓が固定式に変わっている。アヒルカラーの2台が戸塚に新製配置された。

ふ058（いすゞKL-LV280L1）

前年に引き続き導入された短尺エルガワンステップバスのKL-車。ボディスタイルは前年式とほぼ同じで、ゼクセル製の冷房が搭載されている。藤沢に3台、綾瀬に2台配置された。

や119（いすゞKL-LV280L1）

前年に続いて採用された短尺の富士7E型ボディを持つLVのKL-車。茅ヶ崎に3台、大和に2台配置された。長年にわたって神奈中に納入されてきた富士ボディの最後の5台となった。

あ13（トヨタGE-RZH125B）

2003年に1台だけ導入されたトヨタハイエースコミューター。エンジンはガソリンの2RZ型、ホイールベースは2890㎜、AT仕様となっている。清川村の「ゆめバス」に使用された。

YK8113（三菱ふそうKL-MS86MS）

前年に続いて採用されたエアロバススタンダードデッカーのKL-車。羽田系統に運用されるトイレなし55人乗りの空港連絡バス。3台が舞岡から横浜神奈交バスに移って活躍した。

M-0614（三菱ふそうKL-MS86MP）

前年に引き続き貸切車に投入されたエアロバスのKL-車。2003年式は7台で、T-0619・T-0621・M-0636は60人乗り、T-0623・M-0614・M-0637・M-0638は53人乗りのセミサロンである。

M-0602（三菱ふそうKL-MS86MP）

2003年に1台だけ新製されたエアロクィーンⅡは、"VIP"と名づけられたハイグレード仕様。2+1の3列シートの正席が24、補助席が8あり、後部に給湯コーナーとトイレがあった。

2004（平成16）年の車両

　2004（平成16）年もKL-車などが導入されたが、「平成16年排出ガス規制」適合のPJ-車なども登場した。一般路線バスは4メーカーの大型、三菱の中型、日野の小型を新製。空港連絡バスにはエアロバス、契約輸送用には三菱の大型・中型・小型が導入された。一般路線バスでは2001年から営業所単位でLED表示器が導入されてきたが、2004年には空港連絡バスにもLED表示器が装着された。また4月には神奈中ハイヤー観光バスを神奈中観光に改称した。なお、ここからは筆者が3回目に神奈中バスを取材した2022年の写真も掲載していく。

ち101（いすゞ KL-LV280N1）

2004年に初めて採用された中間尺のエルガワンステップバスのKL-車。ホイールベースは5300㎜で、冷房装置はデンソー製。藤沢・茅ヶ崎・大和・綾瀬に計21台配置されている。

は43（日産ディーゼルKL-UA452MAN）

2002年に続いて新製されたUAワンステップバスで、2004年式は西工ボディが架装されている。冷房装置はデンソー製で、通風装置は丸形ファン。秦野と厚木に2台ずつ配置された。

い27（日野KL-HU2PMEA）

2002年に続いて採用された中間尺ブルーリボンシティ HUワンステップバスのKL-車。通風装置が角形ファン3基から丸形ファン2基に変更されている。伊勢原に3台が新製配置された。

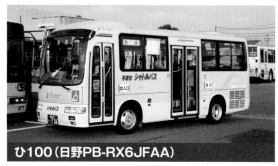

ひ100（日野PB-RX6JFAA）

2004年に初めて登場したリエッセのPB-車。エンジンがJ05D型、側窓が黒色サッシ、中扉がグライドスライドドアとなり、リフトを装備。1台が平塚市シャトルバスに使用された。

つ080（日野KK-HZB50M）

2004年に1台だけ導入されたリエッセⅡのKK-車。エンジンは1HZ型、ホイールベースは3935mmで、後面にリフトを装備している。津久井町営バス「やまびこ号」に使用されていた。

は303（三菱ふそうKK-BE63EG）

契約輸送用として新製されたローザロングボディのKK-車。は303は折戸・銀色サッシのボディが架装されている。神奈中グループのスイミングクラブの送迎輸送に使用された。

ま322（三菱ふそうKK-BE63EG）

同じく契約輸送用として導入されたローザロングボディのKK-車。ま321・ま322は折戸・黒色サッシのボディが架装されている。町田市の施設のスクールバスに使用されていた。

ひ306（三菱ふそうKK-MK25HJ）

契約輸送用として新製されたエアロミディMKツーステップバスのKK-車。ひ306は前中引戸・銀枠引き違い窓で、中扉にリフトを装備する。神奈川県のスクールバスに使用された。

T-301（三菱ふそうKK-MK25HJ）

同じく契約輸送用として導入されたエアロミディMKツーステップバスのKK-車。T-301～T-303は前中引戸・銀枠逆T字型窓・中扉リフトつきで、スクールバスとして使用された。

や305（三菱ふそうKK-MJ27HL）

契約輸送用として2004年に1台だけ採用されたエアロミディMJノンステップバスのKK-車。旧貸切カラーである。ノンステップを生かして養護学校のスクールバスに使用された。

せ305（三菱ふそうKL-MP35JK）

契約輸送用として2004年に1台だけ導入された短尺エアロスターツーステップバスのKL-車。前中引戸・銀枠逆T字型窓で、中扉にリフトを装備。スクールバスに使用されていた。

と99（三菱ふそうPJ-MP35JM）

2004年下期に初めて登場した中間尺エアロスターのPJ-車。スタイルは上期のKL-車と同じだが、前面にかなちゅうマークを貼付。茅ヶ崎を除く各営業所に計68台配置されている。

よ36（三菱ふそうKL-MP35JM）

前年に引き続き2004年上期に導入された中間尺エアロスターワンステップバスのKL-車。通風装置が角形ファン3基から丸形ファン2基に変更されている。計40台が新製されている。

ま311（三菱ふそうKL-MP35JM）

契約輸送用として新製された中間尺エアロスターツーステップバスのKL-車。前中引戸・銀枠逆T字型窓で、中扉にリフトを装備する。1台が東京都のスクールバスに使用された。

ひ505（三菱ふそうKL-MP35JM）

同じく契約輸送用として採用された中間尺エアロスターツーステップバスのKL-車。トップドア・黒枠逆T字型窓の自家用スタイル。1台が企業の送迎輸送用として使用されていた。

お45（三菱ふそうKL-MP37JK）

前年に続いて増備された短尺エアロスターノンステップバスのKL-車。通風装置が角形ファン3基から丸形ファン2基に変更されている。舞岡・秦野・厚木・町田に計24台配置された。

た38（三菱ふそうKL-MP37JM）

前年に引き続き導入された中間尺エアロスターノンステップバスのKL-車。通風装置が角形ファン3基から丸形ファン2基に変更されている。戸塚・相模原・多摩に計22台配置された。

ひ854（三菱ふそうKL-MS86MP）

空港連絡バス用として新製されたエアロバスのKL-車。ひ854・さ858はスタンダードデッカーの後継となる羽田系統用で、折戸とサブエンジン式冷房を装備。乗客定員60人である。

さ857（三菱ふそうKL-MS86MP）

2002年に続いて導入された空港連絡用エアロバスのKL-車。さ857は成田系統用で、スイングドア・直結式冷房・ワイドトランクとなっている。後部トイレつきの42人乗りである。

2005(平成17)年の車両

　2005(平成17)年は大型のPJ-車、中型・小型のPB-車・PA-車が本格的に導入された。一般路線車は4メーカーの大型ワンステップバス、三菱の大型ノンステップバス、いすゞの中型ノンステップバス、三菱の小型ノンステップバスを採用。日野ブルーリボンシティハイブリッドが初めて導入された。また国内初となるネオプランのノンステップ連節バスも登場した。空港連絡バスにはエアロバス、貸切バスにはエアロクィーンⅠとエアロバスが採用された。契約輸送用には日産ディーゼルの中型、三菱・日産の小型が導入されている。

ち202(マン ネオプランN4421)

2005年には国内初となるノンステップ連節バスの運行を開始。車両はドイツ製のネオプランで、エンジンはマン製、ホイールベースは5980＋5990㎜。茅ヶ崎に4台新製配置された。

よ51(三菱ふそうPJ-MP37JK)

2005年に初めて導入された短尺エアロスターノンステップバスのPJ-車。前面にかなちゅうマークを貼付。横浜に6台、秦野に2台、舞岡・伊勢原・厚木に1台ずつ新製配置された。

と114(三菱ふそうPJ-MP37JM)

初めて採用された中間尺エアロスターノンステップバスのPJ-車。スタイルは前年式のKL-車と同じだが、前面にかなちゅうマークを貼付。戸塚に5台、相模原に2台配置された。

お156（日野ACG-HU8JLFP）

2005年に4台登場したブルーリボンシティハイブリッドのノンステップ
バス。ホイールベース4800㎜の短尺車で、J08E型エンジンをモーター
がアシストする。舞岡に4台配置された。

あ177（日産ディーゼルADG-RA273MAN）

2005年に初めて導入されたスペースランナー RAワンステップバス。エ
ンジンはMD92型、ホイールベースは5300㎜で、「平成17年排出ガス規
制」適合型式。厚木に11台配置された。

ふ15（いすゞ PJ-LV234N1）

初めて採用されたエルガワンステップバスのPJ-車。エンジンは6HK1型、ホイールベースは5300mmで、前年式のKL-車と同じ中間尺。茅ヶ崎・藤沢・大和・綾瀬に19台配置された。

や063（いすゞ PA-LR234J1）

2005年に初めて新製されたエルガミオのPA-車。KK-車とは異なり、ノンステップバスが選択されている。エンジンは6HK1型、ホイールベースは4400mm。大和に3台配置された。

せ303（日産ディーゼルPB-RM360HAN改）

契約輸送用として1台だけ導入されたスペースランナーRMツーステップバス。エンジンは日野製J07E型、ホイールベースは4400mmである。中扉にリフトを装備する特定車である。

ひ310（日産PA-AHW41）

初めて採用されたシビリアンのPA-車。エンジンは4M50型、ホイールベースは3690mmのロングボディ。ひ310は折戸・銀色サッシで、神奈中スイミングの送迎輸送に使用されている。

や314（日産PA-AHW41）

同じく契約輸送用として初めて導入されたシビリアンのPA-車。や314はスイングドア・黒色サッシのロングボディである。厚木から大和に転属してスクールバスに使用された。

よ24（三菱ふそうPJ-MP35JM）

前年下期に引き続き増備された中間尺エアロスターワンステップバスのPJ-車。すべての営業所に計157台が配置された。2016年からは営業所単位で白色LEDへの改造が行われている。

も137（三菱ふそうPA-ME17DF）

2005年に初めて導入されたエアロミディMEノンステップバスのPA-車。エンジン・ホイールベースはKK-車と同じ。白色塗装の2台が綾瀬に配置されたが、2台とも転属している。

お306（三菱ふそうPA-BE63DG）

初めて採用されたローザロングボディのPA-車。エンジンは4M50型、ホイールベースは3995㎜で、折戸・銀色サッシのボディを持つ。舞岡で住民輸送の特定バスに使用されていた。

M-0623（三菱ふそうKL-MS86MP）

2003年に続いて増備されたエアロバスのKL-車。M-0622は直結式冷房、他はサブエンジン式冷房で、M-0622・M-0623は55人乗り、T-0627・T-0628・M-0645は60人乗りとなっている。

T-0624（三菱ふそうKL-MS86MP）

2002年に続いて導入されたエアロクィーンⅠのKL-車。ボディスタイルは2002年式と同一。T-0624・H-0625の2台があり、いずれも正席45＋補助席8＝53人乗りのセミサロンである。

2006(平成18)年の車両

　2006(平成18)年も引き続きPJ-車・PB-車・PA-車が導入された。一般路線車は4メーカーの大型ワンステップバス、三菱の大型ノンステップバス、いすゞの中型ノンステップバス、三菱・日野の小型ノンステップバスを採用。いすゞとの統合モデルの日野ブルーリボンⅡが初めて登場し、プジョー製フロントエンジンの初代ポンチョも導入された。空港連絡バスにはエアロバス、貸切バスにはリフトつきのエアロクィーンⅠを導入。契約輸送用は三菱・日野・いすゞ・日産製が採用されている。なお、神奈中観光は戸塚営業所を閉鎖した。

い10（日野PJ-KV234N1）

2006年に初めて採用されたブルーリボンⅡ。中間尺ワンステップバスのPJ-車で、いすゞエルガと同じスタイルのボディを持つ統合モデル。伊勢原と大和に1台ずつ配置されている。

H-0101（日野PB-RR7JJAA）

契約輸送用として初めて1台新製されたメルファのPB-車。エンジンはJ07E型、ホイールベースは4490㎜である。ひ320として新製配置されたが、のちに神奈中観光のH-0101となった。

ひ504（いすゞ PB-RR7JJAJ）

2006年式が1台在籍しているガーラミオのPB-車。メルファのPB-車と同じエンジン・ボディを持つ統合モデルである。自家用登録・使用されていた車両を中古購入したものである。

や121（いすゞPA-LR234J1）

前年に引き続き増備されたエルガミオノンステップバスのPA-車。PA-車はKK-車と異なり、屋根上のデンソー製の冷房が新型の大きなものになっている。大和に4台配置されている。

ふ6（いすゞPJ-LV234N1）

前年に引き続き導入された中間尺エルガワンステップバスのPJ-車。PJ-車では屋根上のデンソー製の冷房が大型になっている。藤沢・茅ヶ崎・大和・綾瀬に計18台が配置された。

さ12（三菱ふそうPJ-MP37JM）

前年に続いて導入された中間尺エアロスターノンステップバスのPJ-車。前中引戸・銀枠逆T字型窓のボディスタイルは前年式と同一。戸塚・相模原・多摩に計29台が配置された。

ま119（三菱ふそうPJ-MP37JK）

前年に引き続き採用された短尺エアロスターノンステップバスのPJ-車。ボディスタイルは前年式の車両と変わっていない。横浜・舞岡・秦野・厚木・町田に計51台が配置された。

き146（三菱ふそうPJ-MP35JM）

2006年には150台増備された中間尺エアロスターワンステップバスのPJ-車。ち10は茅ヶ崎市での自転車搭載の実証実験時に自転車ラックを取り付け、現在は厚木北で活躍している。

た313（三菱ふそうPJ-MP35JM）

契約輸送用として導入された中間尺エアロスター。た301（現た313）・た302（現た506）は前中引戸・銀枠引き違い窓のワンステップバスで、スクールバスとして使用されている。

た309（三菱ふそうPJ-MP35JM）

同じく契約輸送用として新製された中間尺エアロスター。さ302は前中引戸・銀枠引き違い窓のツーステップバス。さ302からた309となり、企業の送迎輸送に使用されている。

と502（三菱ふそうPA-MK25FJ）

契約輸送用として導入されたエアロミディ MKツーステップバスのPA-車。エンジンは6M60型、ホイールベースは4390㎜。横浜と戸塚の各1台は前中引戸・銀枠引き違い窓である。

ひ302（三菱ふそうPA-MK25FJ）

同じく契約輸送用エアロミディ MKツーステップバスのPA-車。舞岡と平塚の各1台はトップドア・銀枠引き違い窓。舞岡ではスクールバス、戸塚では企業の送迎に使用されていた。

よ313（三菱ふそうPA-BE64DJ）

契約輸送用ローザスーパーロングボディのPA-車。エンジンは4M50型、ホイールベースは4550㎜で、スイングドア・銀色サッシのボディ。温泉施設の送迎輸送に使用されている。

あ179（日産ディーゼルADG-RA273MAN）

前年に続いて採用されたスペースランナー RAワンステップバス。スペースランナーだけは「平成17年排出ガス規制」適合型式で、上期にADG-車4台、下期にPKG-車6台が登場した。

ひ334（日産ディーゼルADG-RA273MAN）

契約輸送用として新製されたスペースランナー RAツーステップバスのADG-車。トップドア・黒枠T字型窓・ハイバックシートの自家用仕様。1台が秦野から平塚に転属して活躍中。

2007（平成19）年の車両

　2007（平成19）年はPJ-車・PA-車の最終導入年となり、「平成17年排出ガス規制」に適合したPKG-車・PDG-車・BDG-車の採用が開始された。一般路線車は三菱・いすゞ・日産ディーゼルの大型ワンステップバス、三菱の大型ノンステップバス、いすゞの中型ワンステップバス、三菱・日野の小型ノンステップバスを採用。メルセデス・ベンツ製のノンステップ連節バスが初めて登場した。空港連絡バスは成田・羽田の両系統にエアロバスを採用。貸切バスの新製はなく、契約輸送用に三菱の大型・小型、日野の中型が導入されている。

あ202（メルセデス・ベンツ シターロG）

2007年に初めて登場したメルセデス・ベンツのシターロG。エンジンはベンツOM470型、ホイールベースは5900＋5990㎜のAT車である。乗客定員は130人。4台が厚木に配置された。

き117（日産ディーゼルPKG-RA274MAN）

前年下期に続いて導入されたスペースランナー RAワンステップバスのPKG-車。前中引戸・黒枠逆T字型窓のボディは前年式と同一。上期に2台、下期に6台が厚木に新製配置された。

と304（三菱ふそうPJ-MP35JM改）

契約輸送用として採用された中間尺エアロスターツーステップバスのPJ-車。2006年式のと303、2007年式のと304は前中引戸・銀枠引き違い窓で、中扉にリフトを装備している。

お129（三菱ふそうPJ-MP37JK）

2007年式の短尺ノンステップバスは、お3・お6・お17・お26・お66・お72・お116・お129・お170・お171・お173・お175の12台で、「YAMATE LINER」（11・60系統）専用車となっている。

2007年式のエアロスターワンステップバスのPJ-車のうち、お16・お65・お155は「YAMATE LINER」専用車、お43・お47・お52・お61・お67・お93・お98・お136は山手カラーである。

お52（三菱ふそうPJ-MP35JM）

い305（三菱ふそうPKG-MP35UM）

2007年に初めて採用された中間尺エアロスターのPKG-車。エンジンは日産ディーゼルMD92型、ホイールベースは5300mm。い305はトップドアの特定車、他の37台は路線車である。

お850（三菱ふそうPJ-MS86JP）

前年から導入されたエアロバスのPJ-車。エンジンは6M70型、ホイールベースは6000㎜。前年式さ860、2007年式さ861はサブエンジン式冷房の羽田系統用。さ861は舞岡に転属し、お850となった。

ひ852（三菱ふそうPJ-MS86JP）

同じく空港連絡用エアロバスのPJ-車だが、こちらは直結式冷房の成田系統用で、後部トイレつきの42人乗り。前年式ひ856、2007年式ひ852・ひ856・ひ857の計4台が在籍していた。

は604（日野ADG-HX6JHAE）

2007年に初めて登場したポンチョショート。エンジンはJ05D型、ホイールベースは4125㎜である。上期にはADG-車が4台新製され、津久井の1台が秦野に転属して現在も活躍する。

ち114（日野BDG-HX6JHAE）

2007年下期に導入されたポンチョショートのBDG-車。エンジンはADG-車と同じだが、AT仕様である。茅ヶ崎に6台配置され、茅ヶ崎市コミュニティバス「えぼし号」に使用された。

2008（平成20）年の車両

　2008（平成20）年はPKG-車・PDG-車・BKG-車・BDG-車が本格的に導入された。一般路線車は三菱・いすゞ・日野の大型ワンステップバス、三菱の大型ノンステップバス、三菱の中型ワンステップバス、いすゞの中型ワンステップバス・ノンステップバス、三菱の小型ノンステップバスを採用。三菱製に日産ディーゼルからのOEM供給モデルが加わった。貸切バスには新型エアロクィーンを導入。契約輸送用は三菱の大型・中型・小型、いすゞの大型・中型が採用された。神奈中観光の営業所は町田が東京、平塚が神奈川に改称された。

い103（三菱ふそうPDG-AR820GAN）

2008年に初めて採用されたエアロミディSワンステップバス。日産ディーゼルからのOEM供給モデルで、エンジンは6M60型、ホイールベースは4300㎜である。24台が新製されている。

と305（三菱ふそうPDG-AR820HAN改）

契約輸送用として新製されたエアロミディSツーステップバス。ホイールベースは4400㎜である。前中引戸・引き違い窓のと305・た304が在籍し、と305は中扉にリフトを装備する。

ま177（三菱ふそうPA-ME17DF改）

前年と2008年に2台ずつ導入されたエアロミディMEのCNGバス。大和では町田市コミュニティバス「かわせみ」、町田では町田市コミュニティバス「まちっこ」に使用されていた。

や051（いすゞ PDG-LR234J2）

2008年に初めて採用されたエルガミオノンステップバスのPDG-車。大和に3台を配置。エルガミオノンステップバスの新製は2年ぶりで、このあとまたしばらく増備されていない。

や081（いすゞ PDG-LR234J2）

前年に引き続き導入されたエルガミオワンステップバスのPDG-車。藤沢・茅ヶ崎・大和に計9台が新製配置された。神奈中のシートモケットは赤色→青緑色→青色と変更されてきた。

せ103（いすゞPKG-LV234N2）

初めて採用された中間尺エルガワンステップバスのPKG-車。エンジン・ホイールベースはPJ-車と同じで、左側面のエンジンルーバーが識別ポイント。綾瀬に3台配置されている。

い14（日野PKG-KV234N2）

初めて導入された中間尺ブルーリボンⅡワンステップバスのPKG-車。エンジンなどはPJ-車と同じであるが、前照灯が2灯になった点が識別ポイント。伊勢原に2台配置されている。

た505（いすゞPKG-LV234N2）

契約輸送用として1台新製された中間尺エルガツーステップバスのPKG-車。トップドア・引き違い窓・ハイバックシートの自家用タイプ。多摩でスクールバスに使用されている。

と501（日野PDG-XZB50M）

2008年式1台が在籍するリエッセⅡロングボディのPDG-車。トヨタからのOEM供給モデルで、エンジンはN04C型、ホイールベースは3935㎜。自家用登録車を引き継いだものである。

ま170（三菱ふそうPKG-AA274KAN）

2008年に初めて登場したエアロスター Ｓノンステップバス。エンジンはMD92型で、横浜・舞岡・秦野・厚木・町田・大和にはホイールベース4800㎜の短尺タイプ56台が配置された。

た8（三菱ふそうPKG-AA274MAN）

同じく初めて登場したエアロスター Ｓノンステップバス。日産ディーゼルからのOEM供給モデル。戸塚・相模原・多摩にはホイールベース5300㎜の中間尺タイプ22台が配置された。

は056（三菱ふそうPKG-MP35UM）

前年に引き続き導入された中間尺エアロスターワンステップバスのPKG-車である。舞岡・戸塚・藤沢・秦野・厚木・津久井・相模原・大和・綾瀬に計30台が新製配置されている。

ひ307（三菱ふそうPKG-MP35UP）

契約輸送用として1台新製された長尺エアロスターワンステップバスのPKG-車。ホイールベースは6000㎜で、前中引戸・銀枠引き違い窓のボディ。スクールバスに使用されている。

M-0627（三菱BKG-MS96JP）

2008年に初めて2台登場した新型エアロクィーン。エンジンは6M60型、ホイールベースは6000㎜。M-0627はパウダールームつきの24人乗りで、クラブツーリズム契約車から一般貸切車に転用された。

2009（平成21）年の車両

　2009（平成21）年も引き続きPKG-車・PDG-車・BKG-車が導入された。一般路線車は4メーカーの大型ワンステップバス、三菱・日産ディーゼルの大型ノンステップバス、いすゞの中型ワンステップバスを採用。三菱純正のノンステップバスの新製が再び開始された。また横浜神奈交バス・藤沢神奈交バス・相模神奈中交バスに久しぶりの新車が導入されている。空港連絡バスには初めてエアロエースを導入。貸切バスにはエアロクィーンが増備された。契約輸送用には三菱の大型・中型・小型、いすゞの大型・中型が採用されている。

き103（三菱ふそうPKG-MP35UM）

前年に続いて導入されたエアロスターワンステップバスのPKG-車。茅ヶ崎の3台は自転車ラックを取り付けてボディカラーを変更。現在はき103・き130・き152として活躍している。

た311（三菱ふそうPKG-MP35UM）

契約輸送用として新製された中間尺エアロスターワンステップバスのPKG-車。た311・た312は前中引戸・銀枠逆T字型窓のワンステップバス。スクールバスとして使用されている。

あ301（三菱ふそうPKG-MP35UM）

契約輸送用の中間尺エアロスターツーステップバスのPKG-車。トップドア・引き違い窓の車両は前述の2007年式い305に続き、2008年式お802・M-0101、2009年式あ301が在籍する。

た2（三菱ふそうPKG-MP35UM改）

2009年に初めて採用された中間尺エアロスターノンステップバスのPKG-車。ノンステップバスは改造型式である。秦野に2台、多摩に1台配置され、いずれも銀色サッシである。

ま104（三菱ふそうPKG-MP35UK改）

初めて登場した短尺エアロスターノンステップバスのPKG-車。町田に17台新製配置され、ま76・ま79・ま82・ま104・ま110・ま115・ま116は銀色サッシ、他は黒色サッシである。

と302（三菱ふそうPKG-MP35UM改）

契約輸送用として新製された中間尺エアロスターツーステップバスのPKG-車。中扉にリフトを装備するため改造型式となっている。1台が戸塚でスクールバスに使用されている。

も503（三菱ふそうPDG-BE63DG）

2008～10年に計7台新製されたローザのPDG-車。つ304はスイングドア・黒色サッシ、と306はスイングドア・銀色サッシ、や315は折戸・黒色サッシ、他の4台は折戸・銀色サッシ。

あ15（日産ディーゼルPKG-RA274KAN）

2009年に登場したスペースランナー RAノンステップバスのPKG-車。ホイールベースは4800mm。スペースランナーのノンステップバスは、あ15・あ30・あ65・あ79の4台のみである。

ま301（三菱ふそうPDG-AR820HAN）

契約輸送用として導入されたエアロミディ S。観光マスク・トップドア・黒枠引き違い窓のツーステップバスである。町田に1台が新製配置され、スクールバスに使用されている。

と62（いすゞ PDG-LR234J2）

前年に続いて採用されたエルガミオワンステップバス。神奈中に14台、藤沢神奈交に1台配置され、藤沢神奈交から神奈中に引き継がれたふ94は前面の運賃支払方式表示幕がない。

ひ328（いすゞ PDG-LR234J2）

契約輸送用として1台新製されたエルガミオツーステップバスのPDG-車。前中引戸・黒枠引き違い窓で、中扉にリフトを装備している。神奈川県のスクールバスに使用されている。

ひ327（いすゞ PDG-LV234L2）

契約輸送用として2008年と2009年に1台ずつ新製されたエルガツーステップバスのPDG-車。中扉にリフトを装備している。せ312・ひ327の社番でスクールバスに使用されている。

2010（平成22）年の車両

　2010（平成22）年もPKG-車・PDG-車・BKG-車・BDG-車が導入され、一部に「ポスト新長期規制」に適合したLKG-車が登場した。一般路線車は4メーカーの大型ワンステップバス、三菱の大型ノンステップバス、いすゞの中型ワンステップバス、日野の小型ノンステップバスを採用。三菱のワンロマタイプが導入され、日産ディーゼル→UDトラックスの最終増備年となった。空港連絡バスの新製は見られず、貸切バスはエアロエースと9m尺のエアロエースショートタイプが新製された。契約輸送用は三菱の大型・小型が採用されている。

ひ8（三菱ふそうPKG-MP35UM）

2010年式のエアロスターワンステップバスのうち、ひ3・ひ4・ひ8・ひ15・ひ52・ひ54・ひ77・ひ89・あ13・あ58・あ59・あ92・あ110はハイバックシートのワンロマ車である。

よ72（三菱ふそうPKG-MP35UM）

エアロスターワンステップバスの前年式よ67・お14・お199・ひ12・ひ36・ひ57・い31・い55・い67・あ127・さ74・さ75・も137・も608・な65・な82、2010年式全車は黒色サッシ。

た20（三菱ふそうPKG-MP35UM改）

前年に引き続き採用された中間尺エアロスターノンステップバスのPKG-車。戸塚に8台、相模原に2台、多摩に2台が新製配置され、このグループから黒色サッシに変更されている。

あ67（UDトラックスPKG-RA274MAN）

前年式が3台、2010年式が2台厚木に新製配置された中間尺のスペースランナー RAワンステップバス。2010年式はUDトラックス製となっている。2009年式1台が厚木北に転属した。

き69（UDトラックスPKG-AP35UM）

2010年式が4台厚木に新製配置された中間尺のスペースランナー Aワンステップバス。三菱からのOEM供給モデルで、神奈中最後のUDの新製となった。2台が厚木北に転属している。

ち61（三菱ふそうPKG-MP35UK改）

前年に続いて導入された短尺エアロスターノンステップバスのPKG-車。前年式ま1・ま28・ま37・ま50・ま56・ま59・ま61・ま65・ま67・ま105、2010年式全車は黒色サッシである。

ち117（日野BDG-HX6JHAE）

2007年に続いて1台採用されたポンチョショートのBDG-車。ボディスタイルは2007年式と同じで、やはりAT仕様である。茅ヶ崎市コミュニティバス「えぼし号」に使用されている。

せ97（いすゞ PKG-LV324N2）

前年に1台、2010年に9台増備された中間尺エルガワンステップバスのPKG-車。藤沢・大和・綾瀬に新製配置されている。2010年にはブルーリボンⅡも伊勢原に2台配置されている。

ま309（いすゞ PDG-RR7JJBJ）

前年と2010年に1台ずつ新製されたガーラミオのPDG-車。メルファとの統合モデルで、エンジンはJ07E型、ホイールベースは4490㎜。トップドア・黒枠引き違い窓のボディを持つ。

M-0624（三菱ふそうPDG-MM96FH）

2010年に1台採用されたエアロエースMMのPDG-車。エンジンは6M60型、ホイールベースは4200㎜。27人乗りのセミサロン。2010年にはエアロエースMSのPKG-車も4台新製された。

よ314（三菱ふそうPDG-BE63DE）

2010年に初めて導入されたローザショートボディのPDG-車。エンジンは4M50型、ホイールベースは3490㎜で、後面に非常扉がある幼児車。1台が幼稚園の送迎に使用されている。

や501（三菱ふそうPDG-BE64DJ）

2010年に初めて採用されたローザスーパーロングボディのPDG-車。ホイールベースは4550㎜、前輪独立懸架で、後面に非常扉がある。1台が福祉施設の送迎に使用されている。

2011（平成23）年の車両

　2011（平成23）年は大型のLKG-車が本格的に導入された一方、中型・小型はPDG-車・BDG-車が引き続き増備された。新車の台数が比較的少数だったことが特徴である。一般路線車は三菱の大型ワンステップバス・ノンステップバス、いすゞの中型ワンステップバス、日野の小型ノンステップバスを採用。大型はノンステップバスの台数のほうが多くなっている。空港連絡バスは新製されず、貸切バスはエアロエースとエアロクィーンが一部はリフトつきで導入された。契約輸送用は三菱の大型・小型、いすゞの中型が採用されている。

M-0608（三菱ふそうLKG-MS96VP改）

初めて4台登場したエアロエースのLKG-車。エンジンは6R10型、ホイールベースは6095㎜である。M-0608は直結式冷房を搭載。乗客定員は49人で、中央部にリフトを装備している。

H-0608（三菱ふそうLKG-MS96VP改）

初めて1台採用されたエアロクィーンのLKG-車。乗客定員は47人で、中央部にリフトを装備。新製時は神奈川県の福祉バスだったが、のちに小田急カラーの一般貸切バスとなった。

ひ505（三菱ふそうLKG-MP35FP改）

2011年式が1台だけ在籍する長尺エアロスターツーステップバスのLKG-車。エンジンは6M60型、ホイールベースは6000㎜のトルコンAT車。旧貸切カラーで契約輸送に使用されている。

た37（三菱ふそうLKG-MP37FM）

前年式が1台、2011年式が5台導入された中間尺エアロスターノンステップバスのLKG-車。エンジンは6M60型で、アリソン製トルコンATを装備。相模原・多摩に新製配置された。

や317（三菱ふそうLKG-MP35FM）

契約輸送用として2011年に1台採用された中間尺エアロスターツーステップバスのLKG-車。トップドア・黒枠引き違い窓のトルコンAT車。企業の送迎輸送用として使用されている。

ひ115（いすゞPDG-LR234J2）

前年式が7台、2011年式が3台あるエルガミオのPDG-車。戸塚・平塚・伊勢原・藤沢神奈交バスに新製配置され、平塚の2台はカモメカラー、神奈交の2台は運賃支払方式表示幕がない。

や307（いすゞBDG-RR7JJBJ）

2011年は3台新製された契約輸送用ガーラミオのBDG-車。や307は前中引戸・黒枠引き違い窓で、中扉にリフトを装備する。よ303・や318はトップドア・黒枠引き違い窓である。

さ87（日野BDG-HX6JLAE）

前年と2011年に各1台採用されたポンチョロングのBDG-車。AT仕様である。町田と舞岡に配置され、舞岡の車両は相模原に転属した。2011年にはポンチョショートも3台新製された。

2012（平成24）年の車両

　2012（平成24）年もLKG-車が増備されたが、「ポスト新長期規制」適合のQKG-車・QDG-車・SDG-車なども導入された。また社名をアルファベット表記した新しいマークが車体に掲げられた。一般路線車は三菱の大型ノンステップバス・ワンステップバス、いすゞの中型ワンステップバス、日野の小型ノンステップバスを採用。メルセデス・ベンツの連節バスも増備されている。空港連絡バスには3年ぶりにエアロエースを導入。貸切バスにもエアロエースが採用された。契約輸送用は三菱の大型・小型、いすゞの中型が導入されている。

は14（いすゞ SDG-LR290J1）

初めて登場したエルガミオのSDG-車。エンジンは4HK1型、ホイールベースは4400㎜で、アイシン製のATを装備する。ワンステップバスが2012年に20台、2013年に60台新製された。

ひ104（日野SDG-HX9JLBE）

初めて採用されたポンチョロングのSDG-車。エンジンはJ05E型、ホイールベースは4825㎜。AT仕様である。2012年は舞岡・平塚に2台ずつ、2013年は舞岡に2台が新製配置された。

は603（トヨタLDF-KDH223B）

3台在籍していたハイエースのディーゼル車。中井町のオンデマンドバスに使用された。2012年式にはハイエースのガソリン車も3台あり、座間市コミュニティバスに使用された。

ま203（メルセデス・ベンツ シターロG）

2012年に導入されたベンツ製ノンステップ連節バスのシターロG。スタイルは2007年式と同じ。都内初の連節バスとして町田に4台が配置され、町田BCと山崎団地間を結んでいる。

ま67（三菱ふそうQKG-MP37FK）

初めて登場した短尺エアロスターノンステップバスのQKG-車。AT仕様で、エンジンは6M60型、ホイールベースは4800㎜、冷房はデンソー製である。町田に12台が新製配置された。

た15（三菱ふそうQKG-MP37FM）

2012年に初めて採用された中間尺エアロスターノンステップバスのQKG-車。アリソン製のトルコンATを装備し、冷房装置はデンソー製である。多摩に8台が新製配置されている。

ひ127（三菱ふそうQKG-MP35FM）

初めて導入された中間尺エアロスターワンステップバスのQKG-車。AT仕様で、エンジンは6M60型、ホイールベースは5300㎜、冷房は三菱製である。平塚に4台が新製配置された。

お303（三菱ふそうQDG-MP35FM）

契約輸送用として横浜神奈交バスに1台配置されたエアロスターツーステップバスのQDG-車。トップドア・銀枠引き違い窓のAT車。現在は舞岡でスクールバスに使用されている。

ひ74（三菱ふそうLKG-MP37FK）

2010年に1台、2011年に29台、2012年に11台新製された短尺エアロスターノンステップバスのLKG-車。アリソン製のATを装備する。茅ヶ崎・平塚・秦野・厚木・町田・大和に配置。

い30（三菱ふそうLKG-MP35FM）

2010年に3台、2011年に4台、2012年に19台新製された中間尺エアロスターワンステップバスのLKG-車。アリソン製のATを装備。平塚・町田・大和・多摩を除いた各営業所に配置。

せ302（三菱ふそうTPG-BE640G）

2012年に初めて1台採用されたローザロングボディのTPG-車。エンジンは4P10型、ホイールベースは3995㎜で、AMT仕様である。慶應大キャンパス間シャトルバスで自動運転されている。

M-0601（三菱ふそうQRG-MS96VP）

2012年に初めて採用された貸切用エアロバスのQRG-車。エンジンは6R10型、ホイールベースは6095㎜、冷房はサブエンジン式である。乗客定員59人の3台が東京に配置されている。

お852（三菱ふそうLKG-MS96VP）

3年ぶりに新製された空港連絡用エアロバス。羽田系統用ながら直結式冷房となり、乗客定員は57人。平塚に2台、相模原に1台配置され、のちに舞岡に移って深夜急行用となった。

2013(平成25)年の車両

　2013(平成25)年はQKG-車・SDG-車などが本格的に増備された。一般路線車は三菱の大型ノンステップバス・ワンステップバス、日野の大型ワンステップバス・小型ノンステップバス、いすゞの中型ワンステップバスを導入。いすゞエルガハイブリッドが初めて採用された。前面の運賃支払方法表示幕が一部の車両で廃止されている。空港連絡バスにはエアロエースを投入。貸切バスにはエアロエース・エアロクィーンとともに、10年ぶりにいすゞガーラが採用された。契約輸送用にはいすゞエルガ・エルガミオが導入されている。

せ27（いすゞ QQG-LV234L3）

2013年式の2台だけが在籍するエルガハイブリッド。ホイールベースは4800mm。6HK1型エンジンをモーターがアシストするAMT車で、室内右最後部にリチウム電池を搭載している。

せ307（いすゞ QDG-LV234L3）

契約輸送用として2台新製された短尺エルガツーステップバスのQDG-車。トップドア・銀枠引き違い窓のAT車で、ハイバックシートを装備。綾瀬で企業の送迎などに使用されている。

ふ12（いすゞ SDG-LR290J1）

前年に引き続き増備されたエルガミオワンステップバスのSDG-車。アイシン製のトルコンATを装備している。前年式まで表示幕だった側面の出入口表示がサボに変更されている。

お158（三菱ふそうQKG-MP37FK）

ひ17（三菱ふそうQKG-MP37FK）

同じく短尺エアロスターノンステップバスだが、舞岡車以外の冷房はデンソー製。2013年式ひ17・ひ26・ひ55・ひ68・ひ83・ひ137、2014年式ち22は、前面の運賃支払方法表示幕が廃止されている。

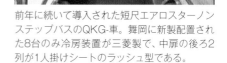

前年に続いて導入された短尺エアロスターノンステップバスのQKG-車。舞岡に新製配置された8台のみ冷房装置が三菱製で、中扉の後ろ2列が1人掛けシートのラッシュ型である。

い29（日野QKG-KV234N3）

2013年式の1台だけが在籍する中間尺ブルーリボンⅡワンステップバスのQKG-車。エルガとの統合モデルで、エンジンは6HK1型、ホイールベースは5300mm。伊勢原に配置されている。

さ851（三菱ふそうQRG-MS96VP）

初めて採用された空港連絡用エアロエースのQRG-車。エンジンは6R10型、ホイールベースは6095mm。ひ853・さ850・さ851は後部トイレつきの49人乗り、さ852は57人乗りである。

H-0613（三菱ふそうQRG-MS96VP）

2013～15年に導入された貸切用エアロエースのQRG-車。H-0613・H-0630・M-0609・M-0616・M-0626・M-0631・M-0632・M-0634は屋根上直結式冷房を装備。乗客定員は56人である。

H-0619（三菱ふそうQRG-MS96VP）

H-0605・H-0609・H-0619・H-0624・M-0603・M-0610・M-0611は床下直結式冷房装備のエアロエース。H-0619・H-0624・M-0610・M-0611は53人乗りセミサロン、他は56人乗りである。

H-0617（三菱ふそうQRG-MS96VP）

2013年に初めて採用されたエアロクィーンのQRG-車。52人乗りのセミサロンである。2013年は神奈川にH-0617・H-0618の2台、2014年は東京にM-0612・M-0615の2台が配置された。

2014（平成26）年の車両

　2014（平成26）年も引き続きQKG-車・SDG-車などが増備された。一般路線用の大型は三菱製のみで、ノンステップバスとワンステップバスを導入。この年誕生したマスコットキャラクター「かなみん」のラッピングバスが各営業所に配置された。中型はいすゞ製のみで、標準仕様をワンステップからノンステップに変更。日野ポンチョはロングとショートが採用された。貸切バスには三菱エアロエース・エアロクィーンといすゞガーラスーパーハイデッカーを導入。契約輸送用にはいすゞエルガミオと三菱ローザが新製されている。

M-0628（いすゞ QPG-RU1ESBJ）

2013・14年に計3台採用されたガーラスーパーハイデッカーのQPG-車。エンジンはE13C型、ホイールベースは6080mm。パウダールームつきの43人乗りというハイグレード車である。

ち109（日野SDG-HX9JHBE）

初めて導入されたポンチョショートのSDG-車。エンジンはJ05E型、ホイールベースは4125mmで、AT仕様である。2014・15年に1台ずつ、茅ヶ崎市「えぼし号」用として登場した。

や202（日野SDG-HX9JLBE）

2014年に7台、2015年に5台増備が続けられたポンチョロングのSDG-車。や200～や205は大和市コミュニティバス「のろっと」用で、市内在住の及川正通氏がデザインを担当した。

も114（三菱ふそうQKG-MP35FM）

2012年から採用されている中間尺エアロスターワンステップバスのQKG-車。2013年式から冷房がデンソー製となり、は37・い3・も114は前面の運賃支払方法表示幕が廃止された。

と48（三菱ふそうQKG-MP37FM）

2012年から導入されている中間尺エアロスターワンステップバスのQKG-車。このうち戸塚に新製配置された14台は冷房が三菱製、さ10は前面の運賃支払方法表示幕が廃止された。

と104（いすゞSDG-LR290J1）

2012年から採用されてきたエルガミオのSDG-車だが、2014年式は津久井の1台を除いてノンステップバスとなり、ノンステップバスはこの2014年式だけ運賃支払方法表示幕がある。

や301（いすゞSDG-LR290J1）

契約輸送用として2013年に1台、2014年に2台採用されたエルガミオツーステップバスのSDG-車。2013年式は引き違い窓、2014年式は逆T字型窓で、中扉にリフトを装備している。

さ303（三菱ふそうTPG-BE640G）

契約輸送用として2012～17年に導入されたローザロングボディのTPG-車。せ302・お304はスイングドア・黒色サッシ、よ308・よ309は折戸・銀色サッシ、他は折戸・黒色サッシ。

2015（平成27）年の車両

　2015（平成27）年も引き続きQKG-車・SDG-車などが増備された。一般路線用の大型は前年と同じように三菱製のみで、ノンステップバスとワンステップバスを導入。ノンステップバスは短尺タイプに統一された。なお、ノンステップバスは前年下期から、ワンステップバスは2015年から、ライトベゼルが一新されている。中型はいすゞのノンステップバスが主力だが、わずかながらワンステップバスも導入。小型は日野のノンステップバスが採用された。貸切バスには三菱エアロエース、契約輸送用には三菱ローザが導入されている。

よ10（三菱ふそうQKG-MP38FK）

前年下期から導入が開始された本型式。ライトベゼルが一新されたエアロスターのQKG-車。このうち前年と2015年に横浜・戸塚に新製配置された41台は冷房装置が三菱製である。

も106（三菱ふそうQKG-MP38FK）

新しいマスクを持つノンステップバスのQKG-車はホイールベースが4995㎜。全車両の運賃支払方法表示幕が廃止されている。横浜・戸塚配置車以外は冷房がデンソー製である。

お193（三菱ふそうQKG-MP35FM）

ワンステップバスは2015年から新しいマスクとなり、全車両の運賃支払方法表示幕が廃止された。2015年式のうち3台が横浜神奈交バス、1台が相模神奈交バスに新製配置されている。

エルガミオワンステップバスのSDG-車 のうち、2013年式 ち7・ち8・ち26・は41・さ33・さ34・さ59、2014年式つ38、2015年式あ9・165は運賃支払方法表示幕が廃止されている。

あ9（いすゞ SDG-LR290J1）

M-0607（三菱ふそうQTG-MS96VP）

2015年に初めて採用されたエアロエースのQTG-車。冷房はすべて屋根上直結式で、2015年 式 はH-0628・M-0607が53人乗り、H-0610・H-0627・M-0613・M-0614・M-0617・M-0630が56人乗りである。

2016(平成28)年の車両

　2016(平成28)年もQKG-車・SDG-車などの増備が続けられている。一般路線車はすべてノンステップバスに統一され、前年と同じ三菱エアロスター、日野ポンチョ、いすゞエルガミオに加え、神奈中初のジェイ・バス新型路線ボディとなる日野ブルーリボンハイブリッドが導入されている。高速バスの増備は2016年も行われていない。貸切バスには三菱エアロエース、いすゞガーラスーパーハイデッカー、リフトつきのガーラハイデッカーが採用された。契約輸送用にはいすゞガーラミオ、三菱エアロスター・ローザが導入されている。

ひ7（日野QSG-HL2ANAP）

2016年に初めて2台採用されたブルーリボンハイブリッド。神奈中初のジェイ・バス新型路線ボディが架装された短尺タイプ。A05C型エンジンをモーターがアシストするAMT車である。

た67（三菱ふそうQKG-MP38FK）

引き続き増備されたエアロスターノンステップバスのQKG-車。冷房はデンソー製に統一された。オリンピックの開催が近づき、ま9・た67にはマスコットがラッピングされていた。

い109（いすゞSDG-LR290J1）

2012年から導入されてきたエルガミオのSDG-車だが、2016年にはノンステップバスだけが増備された。またノンステップバスは前年式から運賃支払方法表示幕が廃止されている。

お206（日野SDG-HX9JLBE）

前年に引き続き採用されたポンチョロングのSDG-車。2016年は3台新製され、お206・お207は青色塗装で舞岡の所管路線、あ12は自治体カラーで愛川町町内循環バスに使用されている。

よ301（いすゞSDG-RR7JJCJ）

2016年に初めて導入されたガーラミオのSDG-車。よ301・と301は前中引戸・黒枠引き違い窓で、中扉にリフトを装備している。横浜市の契約輸送を担当するスクールバスである。

ひ305（いすゞSDG-RR7JJCJ）

同じく契約輸送用に新製されたガーラミオのSDG-車。エンジンはJ07E型、ホイールベースは4490㎜で、AT仕様となっている。ひ304・ひ305はトップドア・黒枠引き違い窓である。

H-0621（いすゞQRG-RU1ESBJ）

2016年に2台採用されたガーラスーパーハイデッカーのQRG-車。エンジンはE13C型、ホイールベースは6080㎜。乗客定員52人のセミサロンで、いずれも神奈川に配置されている。

H-0632（三菱ふそうQTG-MS96VP）

2016・17年式のエアロエースは、H-0607・H-0611・H-0616・M-0622・M-0643〜M-0645が53人乗り、H-0602・H-0631〜H0635・M-0605・M-0619・M-0623・M-0636が56人乗り。

M-0640（三菱ふそうQTG-MS96VP）

2016・17年式のエアロエースのQTG-車には、固定窓仕様の車両が6台ある。M-0640はパウダールームつきのワイドシート40人乗りで、クラブツーリズムと一般貸切の兼用車である。

M-0637（三菱ふそうQTG-MS96VP）

2016・17年式のエアロエースのQTG-車のうち、H-0603・M-0604・M-0625・M-0633・M-0647はパウダールームつきのワイドシート36人乗り。クラブツーリズムの専用車となっている。

2017（平成29）年の車両

　2017（平成29）年は「ポスト・ポスト新長期規制」適合の2DG-車・2PG-車・2TG-車の採用が開始された。一般路線バスには三菱エアロスター、いすゞエルガ・エルガミオ、日野ポンチョを導入。空港連絡バスのエアロエースが新製された。貸切バスには三菱エアロエース・エアロクィーンといすゞガーラハイデッカーを採用。契約輸送用には三菱ローザが導入された。1月に神奈川中央交通と神奈交5社が神奈川中央交通、神奈川中央交通東、神奈川中央交通西の3社に再編され、操車所だった厚木北・橋本・中山が営業所になっている。

M-0621（三菱ふそうQTG-MS96VP）

2017年に2台新製されたクラブツーリズム専用のエアロクィーン。最上級ツアー「四季の華」に使用されるもので、パウダールームつきの3列シート22人乗りという豪華仕様である。

さ861（三菱ふそうQTG-MS96VP）

4年ぶりに5台登場した空港連絡用のエアロエース。トイレなしの58人乗りである。空港連絡用車両は、相次いで開業した関東近県への昼行高速バス路線にも使用されるようになった。

M-0602（三菱ふそう2TG-MS06GP）

貸切バスに2017年に初めて採用されたエアロエースの2TG-車。エンジンは6S10型、ホイールベースは6000㎜のAMT車である。60人乗りの2台が神奈川と東京に1台ずつ配置された。

M-0639（いすゞ QTG-RU1ASCJ改）

前年と2017年に1台ずつ導入されたガーラハイデッカーのQTG-車。エンジンはA09C型、ホイールベースは6080㎜。いずれもリフトを装備しており、乗客定員は51人となっている。

M-0646（いすゞ QRG-RU1ESBJ）

前年に引き続き採用されたE13C型エンジンを装備するガーラのQRG-車。前年の車両とは異なりハイデッカーとなっている。乗客定員は55人で、1台だけ東京に新製配置されている。

は50（いすゞ SKG-LR290J2）

2017年に初めて登場した新型エルガミオ。4HK1型エンジン搭載、ホイールベース4400㎜のAMT車で、右側面は4枚ともT字型窓。戸塚・茅ヶ崎・秦野・大和・橋本に新製配置された。

も612（日野SDG-HX9JLBE）

前年に続いて増備されたポンチョロングのSDG-車。2017年は9台新製され、も611～も613は相模原市コミュニティバス「せせらぎ号」に使用、お305・ふ301は特定車となっている。

2018(平成30)年の車両

　2018(平成30)年は2DG-車・2PG-車・2TG-車などが本格的に増備された。一般路線バスには三菱エアロスター、いすゞエルガ・エルガミオ、日野ポンチョを導入。中型のエルガミオは現在のところ、2018年式を最後に増備されていない。メルセデス・ベンツの連節バス・シターロを6年ぶりに採用。辻堂駅北口〜湘南ライフタウン・慶応大学間で稼働を開始した。空港連絡バスは成田系統・羽田系統の双方に三菱エアロエースを投入。一般貸切バスの増備は行われておらず、契約輸送用に日野メルファがリフトつきで導入されている。

せ25(いすゞ2DG-LV290N2)

前年に導入が開始されたエルガの2DG-車。エンジンは4HK1型、ホイールベースは5300㎜で、AT仕様を選択。右側面は5枚とも逆T字型窓である。藤沢・茅ヶ崎・綾瀬・中山に配置されている。

ひ163(日野2DG-HX9JLCE)

2018年に初めて採用されたポンチョロングの2DG-車。エンジンはJ05E型、ホイールベースは4825㎜のAT車である。ひ162・ひ163は寒川町コミュニティバス「もくせい号」に使用。

せ119(日野2DG-HX9JHCE)

同じく2018年に初めて採用されたポンチョショートの2DG-車。ホイールベースは4125㎜で、AT仕様となっている。2台が綾瀬市コミュニティバス「かわせみ」に使用されている。

は107（いすゞ 2KG-LR290J3）

2018年に初めて導入されたエルガミオの2KG-車。エンジンは4HK1型、ホイールベースは4400mm、AMT仕様となっている。秦野に1台だけ配置され、以後は中型車が増備されていない。

契約輸送用として2018年に1台新製されたメルファの2DG-車。エンジンはA05C型、ホイールベースは4490mm、AMT仕様となっている。中扉にリフトを装備するスクールバスである。

や305（日野2DG-RR2AJDA）

ひ856（三菱ふそう2TG-MS06GP）

空港連絡用として2018年に導入されたエアロエースの2TG-車。屋根上直結式冷房とワイドトランクを装備。ひ856・さ859は後部トイレつきの52人乗り、さ854は60人乗りである。

2019（平成31・令和元）年の車両

　2019（平成31・令和元）年も2DG-車・2PG-車・2TG-車などが導入された。一般路線バスは大型・小型のみとなり、三菱エアロスター、いすゞエルガ、日野ポンチョを増備。2代目「かなみんラッピングバス」が各営業所に配置され、初代はラッピングを外された。メルセデス・ベンツのシターロも採用されている。空港連絡バスには三菱エアロスター、貸切バスにはリフトつきのいすゞガーラハイデッカーを新製。契約輸送用には三菱ローザが導入された。なお、2019年下期からEDSS（ドライバー異常時対応システム）が装着されている。

よ95（三菱ふそう2PG-MP38FK）

2017年から採用されているエアロスターノンステップバスの2PG-車。エンジンは6M60型、ホイールベースは4995㎜。よ95・お120・と75は「かなみんラッピングバス-横浜の風景」である。

さ63（三菱ふそう2PG-MP38FK）

「かなみんラッピングバス」のデザインは上記の「横浜の風景」のほかに3種類あり、さ63・ま112・や84・せ96・た44・も113は「街の風景」、ひ164は「海の風景」となっている。

き129（三菱ふそう2PG-MP38FK）

「かなみんラッピングバス」はシートにも「かなみん」があしらわれている。は28・い82・あ4・つ10・き129は「山の風景」。エアロスターは2019年下期からEDSSが装着された。

ち53（いすゞ2DG-LV290N2）

2017年から採用されている短尺のエルガの2DG-車。2019年式は3台が「かなみんラッピングバス」として登場した。ふ102・ち53は「海の風景」、な18は「横浜の風景」となっている。

ふ50（いすゞ 2DG-LV290N3）

2019年下期に初めて導入されたEDSS装備のエルガの2DG-車。このグループから型式の末尾が「3」に変更されている。2019年式は藤沢に3台、茅ヶ崎と綾瀬に2台ずつ配置された。

た101（日野2DG-HX9JLCE）

前年に引き続き増備されたポンチョロングの2DG-車。た101〜た103は町田市の実証運行路線、や159は町田市コミュニティバス「かわせみ」、ふ302は契約輸送用に使用されている。

あ200（トヨタQDF-GDH223B）

2019年式と2020年式が1台ずつ在籍するディーゼルエンジンのハイエースコミューター。乗客定員は10人で、室内高を拡大した改造車である。愛川町町内循環バスに使用されている。

せ501（三菱ふそうTPG-BE640J）

2019年式が1台だけ在籍しているローザスーパーロングボディのTPG-車。エンジンは4P10型、ホイールベースは4550mmのAMT車で、ライトベゼルが一新された新型フェイスである。

せ209（メルセデス・ベンツ シターロG）

前年に続いて導入されたノンステップ連節バスのシターロG。2007・12年式とはフロントマスクやサイドビューが異なる。2018・19年式が4台ずつ綾瀬の所管路線で活躍している。

車内

ひ857（三菱ふそう2TG-MS06GP）

前年に引き続き採用されたエアロエースの2TG-車だが、2019年式から
ライトベゼルが一新された新型フェイスとなり、EDSSが装着されてい
る。後部トイレつきの52人乗りである。

車内

M-0606（いすゞ2TG-RU1ASDJ改）

2019年と2021年に各1台採用されたガーラの2TG-車。エンジンは
A09C型、ホイールベースは6080mmのMT車。リフトつきの51人乗りで、
H-0636は神奈川県福祉バスに使用されている。

令和に登場した車両たち

　2020 〜 23（令和2 〜 5）年も2DG-車・2PG-車・2TG-車などを導入。ただしコロナ禍により利用者が激減し、厳しい経営を強いられるなか、2021年以降の新車はわずかである。一般路線バスは三菱エアロスター、いすゞエルガ、日野ポンチョ、メルセデス・ベンツシターロに加え、2023年に初めて中国BYD製の電気バスが採用された。空港連絡バスに三菱エアロエース、貸切バスにエアロエースとリフトつきのいすゞガーラが導入されたほか、両者に初めて日野セレガハイデッカーが採用された。また契約輸送用には日野リエッセⅡが導入されている。

ひ201（BYD K8）

2023年に2台採用されたBYDの電気バス。75kWモーター2基で走行し、ホイールベースは5500mmのK8である。いずれも平塚に配置され、それぞれ異なるラッピングが施されている。

M-0641（日野2RG-RU1ESDA）

貸切バス用として2020年に2台新製されたセレガハイデッカーの2RG-車。エンジンはE13C型、ホイールベースは6080mmのMT車。乗客定員は60人で、いずれも東京に配置されている。

M-0635（三菱ふそう2TG-MS06GP）

貸切バスとしては2020年に初めて導入された新型フェイスのエアロエースの2TG-車。直結式冷房・ワイドトランクを装備し、乗客定員は60人。神奈川と東京に3台ずつ配置された。

ひ850（日野2TG-RU1ASDA）

よ306（日野2KG-XZB70M）

契約輸送用として2021年に2台採用された新型リエッセⅡロングボディの2KG-車。エンジンはN04C型、ホイールベースは3935㎜。後面に非常扉を装備する幼児車仕様となっている。

車内

空港連絡用として2020年に2台採用されたセレガハイデッカーの2TG-車。貸切のセレガと異なり、A09C型エンジン搭載のAMT車となっている。羽田系統に運用される60人乗りである。

車内

ひ852（三菱ふそう2TG-MS06GP改）

前年に続いて増備された空港連絡用の新型フェイスのエアロエース。ひ852はエレベーター・トイレつきの40人乗り、さ858・860はトイレつきの52人乗り、さ853は60人乗りである。

た28（三菱ふそう2PG-MP38FK）

ふ56（三菱ふそう2PG-MP38FK）

2020年に85台導入されたエアロスターノンステップバス。横浜・舞岡・藤沢・平塚・厚木・津久井・相模原・町田・大和・厚木北・橋本・中山の車両は白色LEDが装着されている。

車内

3年ぶりの一般路線車として2023年上期に6台新製された短尺エアロスターノンステップバスの2PG-車。ボディスタイルは2020年式と同じである。町田と多摩に3台ずつ配置された。

車内

も202（メルセデス・ベンツ シターロG）

2020年に綾瀬に4台、2021年に橋本に3台、町田に1台新製配置された連節バスのシターロG。ボディスタイルは2019年式と同じである。橋本では橋41・原19系統、町田では町13・14系統に使用されている。

現有車両一覧表 （2023年4月1日現在）

車両一覧表凡例

■PB-RR7JJAJ (JBUS)　西 ひ504 湘230あ7002 （06）平 □
①　　　　　　　②　　　　③ ④ ⑤　　　⑥ ⑦⑧

①車台型式
②ボディメーカー
③保有事業者
　無印：神奈川中央交通／東：神奈川中央交通東
　西：神奈川中央交通西／観：神奈中観光
④社番
⑤登録番号
　横：横浜／湘：湘南／相：相模／多：多摩／八：八王子

⑥年式（登録年西暦の下2桁）
　（ ）：移籍車の新製時の登録年
⑦所属営業所
　横：横浜／舞：舞岡／戸：戸塚／藤：藤沢／茅：茅ヶ崎／平：平塚／秦：秦野
　伊：伊勢原／厚：厚木／津：津久井／相：相模原／町：町田／大：大和
　綾：綾瀬／多：多摩／橋：橋本／北：厚木北／中：中山／東：東京／神：神奈川
⑧用途
　○：一般路線車／◎：高速車／□：貸切車／△：特定車

いすゞ

■PA-LR234J1(JBUS)

や37	相200か661	05大○
や58	相200か662	05大○
や63	相200か663	05大○
や79	相200か947	06大○
や87	相200か948	06大○
や120	相200か789	06大○
や121	相200か790	06大○

■PB-RR7JJAJ(JBUS)

西 ひ504	湘230あ7002	（06）平□

■PDG-LR234J2(JBUS)

ふ100	湘200か1839	07藤○
は105	湘200か1871	08秦○
は106	湘200か1875	08秦○
西 お607	湘200か1870	08秦○
西 お620	湘200か1874	08秦○
西 つ601	相200か1723	08津○
西 つ602	相200か1732	08津○
西 つ603	相200か1873	08津○
西 つ604	相200か1877	08津○
西 つ605	相200か1856	08津○
や6	相200か1075	08大○
や51	相200か1078	08大○
や107	相200か1077	08大○
と11	横200か2973	09戸○
と62	横200か2966	09戸○
と165	横200か2975	09戸○
と179	横200か2976	09戸○
ふ94	湘200か1298	09藤○
ち13	湘200か1331	09茅○
ち27	湘200か1323	09茅○
ち28	湘200か1327	09茅○
西 ひ328	湘800か900	09平△
や21	相200か1259	09大○
や50	相200か1258	09大○
や99	相200か1255	09大○
せ118	相200か1246	09綾○
も108	相200か1256	09橋○
も110	相200か1257	09橋○
西 つ606	相200か1245	09津○
と44	横200か3252	10戸○
と94	横200か3096	10戸○
と146	横200か3241	10戸○
ふ95	湘200か1418	10藤○
ち43	湘200か1419	10茅○
ち80	湘200か1488	10茅○
い102	湘200か1489	10伊○
と168	横200か3326	11戸○
ひ107	湘200か1512	11平○
ひ115	湘200か1513	11平○

■BDG-RR7JJBJ(JBUS)

ま317	多200か1858	09町△
ま309	多200か3611	10町△
東 や307	相800か1490	11大△
東 や318	相800か1384	11大△

■SDG-LR290J1(JBUS)

お96	横200か3511	12舞○

お181	横200か3588	12舞○
お184	横200か3512	12舞○
は14	湘200か1636	12秦○
は43	湘200か1658	12秦○
は47	湘200か1659	12秦○
は65	湘200か1630	12秦○
は82	湘200か1657	12秦○
は84	湘200か1673	12秦○
は95	湘200か1631	12秦○
さ19	相200か1481	12相○
さ24	相200か1477	12相○
さ25	相200か1475	12相○
さ26	相200か1483	12相○
ま81	多200か2388	12町○
も128	相200か1476	12橋○
も131	相200か1478	12橋○
も133	相200か1482	12橋○
な211	横200か4552	12中○
ふ12	湘200か1778	13藤○
ふ18	湘200か1782	13藤○
ふ38	湘200か1786	13藤○
ふ57	湘200か1774	13藤○
ふ74	湘200か1784	13藤○
ふ96	湘200か1746	13藤○
ち7	湘200か1773	13茅○
ち8	湘200か1781	13茅○
ち26	湘200か1783	13茅○
ひ31	湘200か1739	13平○
ひ43	湘200か1741	13平○
ひ129	湘200か1732	13平○
ひ133	湘200か1743	13平○
西 ひ310	湘200か1729	13平△
は21	湘200か1730	13秦○
は25	湘200か1734	13秦○
は41	湘200か1780	13秦○
は62	湘200か1908	13秦○
は66	湘200か1727	13秦○
は72	湘200か1736	13秦○
は92	湘200か1740	13秦○
は93	湘200か1744	13秦○
い101	湘200か1689	13伊○
い104	湘200か1733	13伊○
い105	湘200か1737	13伊○
い106	湘200か1737	13伊○
さ15	相200か1557	13相○
さ16	相200か1545	13相○
さ17	相200か1547	13相○
さ18	相200か1585	13相○
さ20	相200か1601	13相○
さ21	相200か1559	13相○
さ22	相200か1562	13相○
さ23	相200か1574	13相○
さ27	相200か1570	13相○
さ33	相200か1602	13相○
さ34	相200か1603	13相○
さ59	相200か1604	13相○
さ82	相200か1577	13相○
さ86	相200か1509	13相○
や3	相200か1553	13大○
や8	相200か1561	13大○
や10	相200か1550	13大○
や12	相200か1558	13大○

や24	相200か1546	13大○
や32	相200か1564	13大○
や33	相200か1548	13大○
や35	相200か1551	13大○
や54	相200か1560	13大○
や55	相200か1563	13大○
や68	相200か1571	13大○
や81	相200か1573	13大○
や86	相200か1510	13大○
や93	相200か1575	13大○
や128	相200か1555	13大○
や129	相200か1552	13大○
や130	相200か1554	13大○
せ115	相200か1537	13綾○
せ116	相200か1556	13綾○
せ117	相200か1609	13綾○
な212	横200か4617	13中○
お32	横200か3990	14舞○
お35	横200か4002	14舞○
と104	横200か4001	14戸○
と173	横200か3989	14戸○
つ38	相200か1652	14津○
東 や301	相800か1957	14大△
東 や302	相800か1958	14大△
と64	横200か4224	15戸○
と175	横200か4225	15戸○
ふ90	湘200か1916	15藤○
は8	湘200か1903	15秦○
は33	湘200か1904	15秦○
は46	湘200か1905	15秦○
あ7	相200か1725	15厚○
あ9	相200か1682	15厚○
つ31	相200か1724	15津○
つ33	相200か1730	15津○
も155	相200か1683	15橋○
ふ97	湘200か2001	16藤○
ふ98	湘200か2002	16藤○
ふ99	湘200か2004	16藤○
い107	湘200か1966	16伊○
い108	湘200か1967	16伊○
い109	湘200か1969	16伊○
い110	湘200か1970	16伊○
い111	湘200か1983	16伊○
い112	湘200か1984	16伊○
い113	湘200か1986	16伊○
い114	湘200か1987	16伊○
さ32	相200か1797	16相○

■SDG-RR7JJCJ(JBUS)

よ301	横800か4183	16横△
と301	横800か4182	16戸△
西 ひ304	湘200か2381	16平△
西 ひ305	湘200か2382	16平△

■SKG-LR290J2(JBUS)

と184	横200か4612	17戸○
と185	横200か4613	17戸○
ち66	湘200か2112	17茅○
は22	湘200か2112	17秦○
は35	湘200か2044	17秦○
は39	湘200か2053	17秦○
は45	湘200か2089	17秦○

は50	湘200か2093	17秦○
は61	湘200か2056	17秦○
は85	湘200か2102	17秦○
は94	湘200か2108	17秦○
は97	湘200か2043	17秦○
や88	相200か1828	17大○
も154	相200か1830	17橋○

■2KG-LR290J3(JBUS)

は107	湘200か2230	18秦○

■PJ-LV234N1(JBUS)

ふ6	湘200か952	06藤○
ふ20	湘200か957	06藤○
ふ35	湘200か1688	06藤○
ふ55	湘200か965	06藤○
ち85	湘200か891	06茅○
せ106	相200か1297	06綾○
ふ11	湘200か1090	07藤○
ふ19	湘200か1091	07藤○
ち70	湘200か1099	07茅○
ち71	湘200か1100	07茅○
ち36	湘200か1094	07茅○
ち54	湘200か1095	07茅○
ち72	湘200か1082	07茅○
ち86	湘200か1083	07茅○
せ35	相200か1002	07綾○
せ47	相200か1003	07綾○
せ50	相200か1007	07綾○
せ60	相200か1008	07綾○
な132	横200か2398	07中○
な154	横200か2400	07中○

■PDG-LV234L2改(JBUS)

ひ312	相200か1165	08綾△
西 ひ327	相200か1338	09平△

■PKG-LV234N2(JBUS)

せ57	相200か1134	08綾○
せ105	相200か1136	08綾○
た52	八200か1735	08多□
な52	横200か3184	09中○
ふ68	湘200か1451	10藤○
ふ77	湘200か1455	10藤○
ふ78	湘200か1473	10藤○
ふ80	湘200か1443	10藤○
せ3	相200か1344	10綾○
せ10	相200か1354	10綾○
せ23	相200か1338	10綾○
せ43	相200か1301	10綾○
せ97	相200か1345	10綾○

■QDG-LV234L3(JBUS)

せ306	相200か1541	13綾△
せ307	相200か1543	13綾△

■QQG-LV234L3(JBUS)

せ27	相200か1508	13綾○
な44	横200か3741	13中○

■2DG-LV290N2(JBUS)

ふ88	湘200か2167	17藤○

(神奈川中央交通 車両一覧・続き)

	社番	ナンバー	備考
	ち65	湘200か2171	17茅○
	な19	横200か4728	17中○
	な21	横200か4730	17中○
	ふ54	湘200か2184	18藤○
	ふ60	湘200か2173	18藤○
	ふ82	湘200か2191	18藤○
	ち14	湘200か2176	18茅○
	ち71	湘200か2194	18茅○
	ち81	湘200か2192	18茅○
	せ19	相200か1936	18綾○
	せ25	相200か1963	18綾○
	せ33	相200か1933	18綾○
	せ63	相200か1969	18綾○
	な20	横200か4775	18中○
	な22	横200か4750	18中○
	な23	横200か4770	18中○
	な24	横200か4734	18中○
	な25	横200か4736	18中○
	ふ31	湘200か2255	19藤○
	ふ101	湘200か2241	19藤○
	ふ102	湘230う102	19藤○
	ふ103	湘200か2270	19藤○
	ふ104	湘200か2252	19藤○
	ち11	湘200か2244	19茅○
	ち16	湘200か2253	19茅○
	ち30	湘200か2258	19茅○
	ち45	湘200か2274	19茅○
	ち53	湘230う53	19茅○
	せ41	相200か1967	19綾○
	せ56	相200か1971	19綾○
	せ82	相200か1973	19綾○
	せ91	相200か1975	19綾○
	な7	横200か4920	19中○
	な18	横230い18	19中○
	な26	横200か4903	19中○
	な27	横200か4939	19中○
	な28	横200か4908	19中○

■2DG-LV290N3(JBUS)

	社番	ナンバー	備考
	ふ43	湘200か2288	19藤○
	ふ47	湘200か2289	19藤○
	ふ50	湘200か2295	19藤○
	ち15	湘200か2304	19茅○
	ち19	湘200か2309	19茅○
	せ2	相200か2027	19綾○
	せ5	相200か2028	19綾○
	ふ14	湘200か2319	20藤○
	ふ15	湘200か2328	20藤○
	ち33	湘200か2320	20茅○
	ち34	湘200か2321	20茅○
	せ28	相200か2044	20綾○
	せ29	相200か2045	20綾○
	せ48	相200か2046	20綾○
	な32	横200か5040	20中○
	な33	横200か5085	20中○
	な34	横200か5076	20中○
	な35	横200か5067	20中○

■QPG-RU1ESBJ(JBUS)

	社番	ナンバー	備考
観	H0604	湘200か2063	13神□
観	M0628	多200か2667	14東□
観	M0629	多200か2668	14東□

■QRG-RU1ESBJ(JBUS)

	社番	ナンバー	備考
観	H0614	湘200か2028	16神□
観	H0621	湘200か2029	16神□
観	M0646	多200か3259	17東□

■QTG-RU1ASCJ改(JBUS)

	社番	ナンバー	備考
観	M0627	多200か3624	16東□
観	M0639	多200か3258	17東□

■2TG-RU1ASDJ改(JBUS)

	社番	ナンバー	備考
観	M0606	多200か3417	19東□
観	H0636	湘200か2379	21東□

日産
■PA-AHW41(日産)

	社番	ナンバー	備考
	よ501	横200か1973	05横□
西	ち315	相200か143	05平○
	せ301	相200か424	05綾□
	よ304	横200か2110	06横△
	よ305	横200か2111	06横△

日産ディーゼル／UDトラックス
■KL-UA452MAN(西工)

	社番	ナンバー	備考
	た510	八200か1894	04多△

■ADG-RA273MAN(西工)

	社番	ナンバー	備考
東	さ502	相200か720	05相□
東	さ504	相200か736	05相□
東	も501	相200か744	05橋□
西	ひ334	湘200か1988	06平△
西	は502	湘200か2013	06秦□
東	さ503	相200か835	06相□

■PKG-RA274KAN(西工)

	社番	ナンバー	備考
	あ15	相200か1198	09厚○
	あ30	相200か1199	09厚○
	あ65	相200か1201	09厚○
	き79	相200か1202	09北○

■PKG-RA274MAN(西工)

	社番	ナンバー	備考
	や502	相200か882	06大□
	き2	相200か877	06北○
	き3	相200か876	06北○
	き45	相200か875	06北○
	き98	相200か897	06北○
	あ56	相200か1010	07厚○
	あ76	相200か1012	07厚○
	あ81	相200か1013	07厚○
	あ89	相200か1014	07厚○
	あ503	相200か1009	07厚○
	さ501	相200か1015	07相○
	き60	相200か971	07北○
	あ101	相200か1269	09厚○
	あ121	相200か1265	09厚○
	き66	相200か1270	09北○
	あ67	相200か1306	10厚○
	あ163	相200か1308	10厚○

■PKG-AP35UM(MFBM)

	社番	ナンバー	備考
	あ116	相200か1359	10厚○
	あ145	相200か1360	10厚○
	き69	相200か1306	10北○
	さ74	相200か1337	20北□

トヨタ
■QDF-GDH223B(トヨタ)

	社番	ナンバー	備考
	あ200	相200あ395	19厚○
	あ199	相200あ396	20厚○

日野
■PDG-XZB50M(トヨタ)

	社番	ナンバー	備考
東	と501	横200あ291	08戸○

■2KG-XZB70M(トヨタ)

	社番	ナンバー	備考
	よ306	横200か5200	21横○
	よ307	横200か5201	21横○

■ADG-HX6JHAE(JBUS)

	社番	ナンバー	備考
西	は604	湘200か311	07秦○

■BDG-HX6JHAE(JBUS)

	社番	ナンバー	備考
	ち115	相200か190	07茅○
	ち117	相200あ225	10茅○
	ち104	相200あ237	11茅○
	ち105	相200あ238	11茅○
	ち106	相200あ239	11茅○

■BDG-HX6JLAE(JBUS)

	社番	ナンバー	備考
	ま175	多200か1958	10町○
	さ87	相200か2100	11相○

■SDG-HX9JHBE(JBUS)

	社番	ナンバー	備考
	ち109	相200あ269	14茅○
	ち107	相200あ278	15茅○

■SDG-HX9JLBE(JBUS)

	社番	ナンバー	備考
	ふ92	湘200か2041	12藤○
	ひ104	湘200か1637	12平○
	ひ105	湘200か1638	12平○
	ひ130	湘200か1985	12平○
	お202	横200か3914	13舞○
	ふ91	湘200か2040	13藤○
	ひ131	湘200か1796	14平○
	ひ132	湘200か1797	14平○
	や201	相200か1650	14大○
	や202	相200か1651	14大○
東	も614	相200か1616	14橋○
東	も615	相200か1617	14橋○
	お203	横200か4288	15舞○
	お204	横200か4292	15舞○
	や203	相200か1737	15大○
	や204	相200か1738	15大○
	や205	相200か1739	15大○
	お206	横200か4339	16舞○
	お207	横200か4351	16舞○
	あ12	相200か1820	16厚○
	お201	横200か4536	17舞○
	お205	横200か4544	17舞○
	お305	横200か4627	17舞△
東	ふ301	相200か2148	17藤△
	ち108	相200か2069	17茅○
西	は621	相200か2150	17秦○
東	も611	相200か1894	17橋○
東	も612	相200か1896	17橋○
東	も613	相200か1901	17橋○

■2DG-HX9JHCE(JBUS)

	社番	ナンバー	備考
	せ119	相200あ368	18綾○
	せ120	相200あ370	18綾○
	ち110	湘200あ308	19茅○
	ち111	相200あ318	20茅○
	ち114	相200あ319	20茅○
	せ121	相200あ426	21綾○
	ち116	湘200あ330	22茅○

■2DG-HX9JLCE(JBUS)

	社番	ナンバー	備考
	ひ100	湘200か2196	18平○
	ひ162	湘200か2190	18平○
	ひ163	湘200か2195	18平○
	や160	相200か1931	18大○
	や159	相200か1974	19大○
東	ふ302	相200か2271	19藤△
	た101	八200か2422	19多○
	た102	八200か2423	19多○
	た103	八200か2424	19多○
	ひ167	湘200か2322	20平○
	ひ168	湘200か2329	20平○
	ま176	多200か3520	20町○
	ま177	多200か3520	20町○

■PB-RR7JJAA(JBUS)

	社番	ナンバー	備考
観	H0101	湘200か967	06神□

■BDG-RR7JJBA(JBUS)

	社番	ナンバー	備考
	い501	湘200か1137	07伊□

■2DG-RR2AJDA(JBUS)

	社番	ナンバー	備考
東	や305	相800か2401	18大△

■KL-HU2PMEA(日野)

	社番	ナンバー	備考
西	つ501	相200か1826	02津□
西	ひ501	相200か718	04平□
西	ひ502	湘200か631	04平□
西	ひ503	湘200か632	04平□

■PKG-KV234N2(JBUS)

	社番	ナンバー	備考
	い14	湘200か1233	08伊○
	い20	湘200か1241	08伊○
	い57	湘200か1382	10伊○
	い77	湘200か1448	10伊○

■QKG-KV234N3(JBUS)

	社番	ナンバー	備考
	い29	湘200か1686	13伊○

■QSG-HL2ANAP(JBUS)

	社番	ナンバー	備考
	ひ7	湘200か1975	16平○
	ひ114	湘200か1976	16平○

■2TG-RU1ASDA(JBUS)

	社番	ナンバー	備考
西	ひ850	湘230あ850	20平◎
西	ひ858	湘230あ858	20平◎

■2RG-RU1ESDA(JBUS)

	社番	ナンバー	備考
観	M0638	多200か3524	20東□
観	M0641	多200か3525	20東□

三菱ふそう
■KK-BE63EG(三菱)

	社番	ナンバー	備考
	よ502	横200あ446	04横□

■PA-BE63DG(三菱)

	社番	ナンバー	備考
	お306	横200あ351	05舞△
西	ひ312	湘200か169	06平△
西	ひ313	湘200か170	06平△
西	ひ314	湘200か171	06平△

■PA-BE64DJ(三菱)

	社番	ナンバー	備考
	よ313	横200か3962	06横○

■PDG-BE63DE(MFBM)

	社番	ナンバー	備考
	よ314	横200あ318	10横△

■PDG-BE63DG(MFBM)

	社番	ナンバー	備考
	よ302	横200か2711	08横△
	と306	横200か491	08戸△
	ひ506	相200か324	09平△
	せ311	相200か234	09綾△
東	も503	相200あ235	09橋△
西	つ304	相200あ305	10津△

■PDG-BE64DJ(MFBM)

	社番	ナンバー	備考
	や501	相200あ244	10大○

■TPG-BE640G(MFBM)

	社番	ナンバー	備考
	せ302	相200か435	12綾○
東	さ303	相200あ300	14相△
東	さ304	相200あ301	14相△
東	や314	相200あ329	15大△
	よ308	横200か4386	16横△
	よ309	横200か4387	16横△
	よ311	横200あ543	16横△
	お304	横200あ435	16舞△
	と307	横200あ434	16戸△
	と310	横200あ455	17横△

■TPG-BE640J(MFBM)

	社番	ナンバー	備考
	せ501	相200か2005	19綾□

■KK-MK25HJ(MFBM)

	社番	ナンバー	備考
	よ503	横200か1250	03横□
	と504	横800か1574	03戸□

■PA-MK25FJ(MFBM)

	社番	ナンバー	備考
	お301	横200か2186	06舞△
	と502	横800か2410	06戸△

■PDG-AR820GAN(西工)

	社番	ナンバー	備考
	お63	横200か2730	08舞○
	お95	横200か5163	08舞○
	と31	横200か2728	08戸○
	と35	横200か2729	08戸○
	と52	横200か2725	08戸○
	と60	横200か2726	08戸○
	と101	横200か2736	08戸○
	と176	横200か2731	08戸○
	と177	横200か2747	08戸○
	と178	横200か2748	08戸○
	ひ64	湘200か1208	08平○
	は18	相200か1213	08秦○
	い103	湘200か1198	08伊○
	ま501	多200か3544	08町○
	や109	相200か1123	08大○
	や110	相200か1159	08大○
	や111	相200か1119	08大○
	や185	相200か1160	08大○
	や186	相200か1161	08大○
	や187	相200か1162	08大○
	や188	相200か1163	08大○

■PDG-AR820HAN(西工)

	社番	ナンバー	備考
	ま301	多200か3571	09町○

■PDG-AR820HAN改(西工)

	社番	ナンバー	備考
	と305	横200か2813	08戸△
	た304	八200か1189	08多△

■KL-MP35JM(MFBM)

	社番	ナンバー	備考
東	さ315	相200か1789	01相△
東	さ316	相200か1790	01相△
東	さ317	相200か1154	03相△
西	ひ333	湘200か1681	04平△

■KL-MP37JM(MFBM)

	社番	ナンバー	備考
	た306	八200か653	04多△
	た307	八200か650	04多△
	た308	八200か656	04多△

■PJ-MP35JM(MFBM)

	社番	ナンバー	備考
西	い301	湘200か699	04伊△
東	さ307	相200か1688	04相△
東	さ308	相200か1689	04相△
西	ひ310	相200か1691	04相△
東	さ312	相200か1696	04相△
東	さ314	相200か1698	04相△
	ふ32	湘200か1231	05藤○

	ふ39	湘200か1698	05藤○
	ふ46	湘200か828	05藤○
	ふ63	湘200か1710	05藤○
	ふ83	湘200か1235	05藤○
	あ109	相200か2139	05厚○
	さ76	相200か756	05相○
東	さ309	相200か1690	05相△
東	さ311	相200か1692	05相△
東	さ313	相200か1697	05相△
東	さ318	相200か973	05相△
西	つ610	相200か1680	05津○
西	つ611	相200か1699	05津○
西	つ613	相200か776	05津○
	や1	相200か2117	05大○
	や46	相200か1731	05大○
	や47	相200か1741	05大○
	よ17	横200か5297	06横○
	よ39	横200か2311	06横○
	お8	横200か2016	06舞○
	お21	横200か2157	06舞○
	お24	横200か2158	06舞○
	お25	横200か2159	06舞○
	お46	横200か2308	06舞○
	お146	横200か1981	06舞○
	お150	横200か1986	06舞○
	お189	横200か2324	06舞○
	お192	横200か2328	06舞○
	と7	横200か3601	06戸○
	と84	横200か2151	06戸○
	と85	横200か2031	06戸○
	と87	横200か2032	06戸○
	と88	横200か2153	06戸○
	と116	横200か3584	06戸○
	と127	横200か2154	06戸○
	と159	横200か2167	06戸○
	と181	横200か4422	06戸○
	と183	横200か4420	06戸○
	ふ1	湘200か979	06藤○
	ふ17	湘200か1007	06藤○
	ふ28	湘200か986	06藤○
	ふ75	湘200か1006	06藤○
	ち18	湘200か899	06茅○
	ち31	湘200か1005	06茅○
	ち56	湘200か1004	06茅○
	ち59	湘200か1794	06茅○
	ち64	湘200か1801	06茅○
	ち73	湘200か982	06茅○
	ち77	湘200か1938	06茅○
	ひ84	湘200か879	06平○
	ひ154	湘200か987	06平○
西	ひ602	湘200か1003	06平○
	は3	湘200か1262	06秦○
	は7	湘200か1002	06秦○
	は20	湘200か1919	06秦○
	は44	湘200か959	06秦○
	は52	湘200か1313	06秦○
	は53	湘200か974	06秦○
	は68	湘200か1925	06秦○
	は77	湘200か883	06秦○
	は78	湘200か895	06秦○
	は83	湘200か896	06秦○
	は88	湘200か1793	06秦○
西	は614	湘200か894	06秦○
西	は615	湘200か1008	06秦○
	い21	湘200か963	06伊○
	い22	湘200か970	06伊○
	い36	湘200か884	06伊○
	い45	湘200か878	06伊○
	い51	湘200か1267	06伊○
	い58	湘200か985	06伊○
	い59	湘200か897	06伊○
	い71	湘200か975	06伊○
	い75	湘200か1388	06伊○
	い76	湘200か946	06伊○
	い78	湘200か1393	06伊○
	あ83	相200か807	06厚○
	あ108	相200か1298	06厚○
	つ2	相200か816	06津○
	つ3	相200か883	06津○
	つ8	相200か830	06津○
	つ9	相200か831	06津○
	つ12	相200か946	06津○
	つ14	相200か929	06津○
	つ25	相200か868	06津○
	つ30	相200か889	06津○
	つ36	相200か1316	06津○
	つ40	相200か895	06津○

	さ55	相200か869	06相○
	さ68	相200か871	06相○
	さ72	相200か870	06相○
	さ81	相200か873	06相○
	や116	相200か2153	06大○
東	や601	相200か826	06大○
東	や602	相200か827	06大○
東	や606	相200か1366	06大○
	せ14	相200か818	06綾○
	せ26	相200か1283	06綾○
	せ39	相200か1647	06綾○
	せ45	相200か1584	06綾○
	せ71	相200か1621	06綾○
	せ87	相200か1582	06綾○
	せ101	相200か918	06綾○
	た313	八200か904	06多△
	た506	相200か905	06多□
	も115	相200か808	06橋○
	も117	相200か819	06橋○
	も130	相200か924	06橋○
	も134	相200か998	06橋○
	も136	相200か820	06橋○
	も151	相200か809	06橋○
	も152	相200か872	06橋○
	も160	相200か821	06橋○
	も167	相200か1251	06橋○
	も182	相200か814	06橋○
	き24	相200か1499	06北○
	き85	相200か867	06北○
	き96	相200か811	06北○
	き118	相200か813	06北○
	き131	相200か1254	06北○
	き146	相200か1375	06北○
	き160	相200か1299	06北○
	き167	相200か1626	06北○
	き185	相200か1629	06北○
	き186	相200か1631	06北○
	な38	横200か2689	06中○
	な41	横200か2417	06中○
	な45	横200か2690	06中○
	な92	横200か2418	06中○
	な126	横200か4186	06中○
	よ18	横200か2475	07横○
	よ21	横200か2476	07横○
	よ52	横200か3852	07横○
	お16	横200か2406	07舞○
	お43	横200か2407	07舞○
	お47	横200か2408	07舞○
	お52	横200か2411	07舞○
	お61	横200か2412	07舞○
	お65	横200か2413	07舞○
	お67	横200か2414	07舞○
	お93	横200か2415	07舞○
	お98	横200か2416	07舞○
	お99	横200か2477	07舞○
	お136	横200か2420	07舞○
	お155	横200か2421	07舞○
	お160	横200か2423	07舞○
	お161	横200か2424	07舞○
	お162	横200か2425	07舞○
	お164	横200か2426	07舞○
	お167	横200か2427	07舞○
	と26	横200か2498	07戸○
	と53	横200か3321	07戸○
	と76	横200か2499	07戸○
	と102	横200か2500	07戸○
	と103	横200か2501	07戸○
	ふ29	湘200か1088	07藤○
	ふ33	湘200か1089	07藤○
	ち37	湘200か1087	07茅○
	ち39	湘200か1096	07茅○
	ひ19	湘200か1079	07平○
	ひ122	湘200か1053	07平○
西	ひ606	湘200か1078	07平○
西	ひ611	湘200か1086	07平○
西	ひ613	湘200か1084	07平○
西	ひ614	湘200か1054	07平○
西	ひ615	湘200か1097	07平○
	は9	湘200か1085	07秦○
	は11	湘200か1092	07秦○
	は34	湘200か1093	07秦○
	は71	湘200か1101	07秦○
	い4	湘200か1080	07伊○
	い12	湘200か1073	07伊○
	い13	湘200か1074	07伊○
	い15	湘200か1081	07伊○
	い18	湘200か1666	07伊○

	い35	湘200か1102	07伊○
	い68	湘200か1098	07伊○
	い85	湘200か1103	07伊○
	い86	湘200か1105	07伊○
	あ6	相200か2121	07厚○
	つ18	相200か995	07津○
	つ19	相200か1006	07津○
	さ51	相200か969	07相○
	さ61	相200か999	07相○
	さ71	相200か1005	07相○
	や163	相200か1017	07大○
	せ18	相200か1495	07綾○
	せ30	相200か994	07綾○
	せ79	相200か1720	07綾○
	せ99	相200か1722	07綾○
東	も618	相200か1004	07橋○
	な69	相200か3174	07中○
	な100	横200か2483	07中○
	な104	横200か2401	07中○
	な106	横200か2502	07中○
	な108	横200か2402	07中○
	な123	横200か2403	07中○
	な125	横200か2404	07中○
	な127	横200か2405	07中○
	な145	横200か2492	07中○
	な160	横200か2495	07中○
	な161	横200か2496	07中○

■PJ-MP35JM改(MFBM)

	と303	横800か2514	06戸△
	た309	八200か1281	06多△
	と304	横800か4217	07戸△

■PJ-MP37JK(MFBM)

	よ25	横200か2316	06横○
	お2	横200か2320	06舞○
	お9	横200か1987	06舞○
	お10	横200か2326	06舞○
	お23	横200か1988	06舞○
	お29	横200か2330	06舞○
	お33	横200か1989	06舞○
	お34	横200か2331	06舞○
	お41	横200か1990	06舞○
	お50	横200か2312	06舞○
	お83	横200か1992	06舞○
	お86	横200か1993	06舞○
	お165	横200か1995	06舞○
	お166	横200か1996	06舞○
	お174	横200か1997	06舞○
	お179	横200か1998	06舞○
	と180	横200か4405	06戸○
	は87	湘200か1956	06秦○
	い48	湘200か1955	06伊○
	い66	湘200か2169	06伊○
	あ22	相200か796	06厚○
	あ38	相200か798	06厚○
	あ88	相200か944	06厚○
	あ93	相200か945	06厚○
	つ34	相200か797	06津○
	つ37	相200か1841	06津○
	さ77	相200か1989	06相○
	ま17	多200か1409	06町○
	ま26	多200か1410	06町○
	ま35	多200か1416	06町○
	ま36	多200か1417	06町○
	ま41	多200か1418	06町○
	ま46	多200か1419	06町○
	ま60	多200か1427	06町○
	ま98	多200か3652	06町○
	ま100	多200か3653	06町○
	せ112	相200か1796	06綾○
	た59	八200か2380	06多○
	も172	相200か1758	06橋○
	も176	相200か1762	06橋○
	き29	相200か943	06北○
	お3	横200か2447	07舞○
	お6	横200か2441	07舞○
	お17	横200か2450	07舞○
	お26	横200か2452	07舞○
	お66	横200か2443	07舞○
	お72	横200か2444	07舞○
	お116	横200か2453	07舞○
	お129	横200か2445	07舞○
	お170	横200か2448	07舞○
	お171	横200か2451	07舞○
	お173	横200か2439	07舞○
	お175	横200か2440	07舞○

■PJ-MP37JM(MFBM)

	と3	横200か2313	06戸○
	と6	横200か2314	06戸○
	と37	横200か2325	06戸○
	さ8	相200か940	06相○
	さ12	相200か794	06相○
	さ13	相200か795	06相○
	さ14	相200か941	06相○
	せ110	相200か1658	06綾○
	せ111	相200か1660	06綾○
	た1	八200か1003	06多○
	た3	八200か1004	06多○
	た4	八200か1005	06多○
	た22	八200か851	06多○
	た25	八200か853	06多○
	た32	八200か859	06多○
	た53	八200か860	06多○
	た54	八200か861	06多○
	た55	八200か862	06多○
	た58	八200か996	06多○
	た60	八200か1001	06多○
	た90	八200か1006	06多○
	た91	八200か1007	06多○
	た92	八200か1008	06多○
	た302	八200か1095	07多△

■PKG-AA274KAN(西工)

	よ41	横200か2623	08横○
	よ57	横200か2624	08横○
	よ62	横200か2632	08横○
	お13	横200か2872	08舞○
	ち46	湘200か1957	08茅○
	ち83	湘200か1960	08茅○
	は1	湘200か1158	08秦○
	い83	湘200か1929	08伊○
	い88	湘200か1931	08伊○
	あ187	相200か1069	08厚○
	あ188	相200か1070	08厚○
	あ189	相200か1071	08厚○
	あ190	相200か1072	08厚○
	あ191	相200か1073	08厚○
	あ192	相200か1074	08厚○
	ま2	多200か1599	08町○
	ま13	多200か1600	08町○
	ま14	多200か1601	08町○
	ま15	多200か1602	08町○
	ま16	多200か1603	08町○
	ま32	多200か1724	08町○
	ま54	多200か1725	08町○
	ま57	多200か1604	08町○
	ま92	多200か1728	08町○
	ま93	多200か1729	08町○
	ま96	多200か1605	08町○
	ま102	多200か1606	08町○
	ま107	多200か1732	08町○
	ま108	多200か1731	08町○
	ま114	多200か1739	08町○
	ま139	多200か1607	08町○
	ま145	多200か1609	08町○
	ま146	多200か1610	08町○
	ま152	多200か1618	08町○
	ま154	多200か1740	08町○
	ま155	多200か1619	08町○
	ま159	多200か1741	08町○
	ま162	多200か1743	08町○
	ま163	多200か1746	08町○
	ま164	多200か1747	08町○
	ま165	多200か1748	08町○
	ま167	多200か1625	08町○
	ま168	多200か1624	08町○
	ま169	多200か1750	08町○
	ま170	多200か1751	08町○
	ま171	多200か1752	08町○
	せ2	相200か1736	08綾○
	せ70	相200か1753	08綾○
	せ98	相200か1740	08綾○
	せ109	相200か1754	08綾○
	な17	横200か2868	08中○
	な117	横200か2871	08中○
	な178	横200か2879	08中○
	な179	横200か2876	08中○
	ひ14	湘200か1272	09平○
	ひ22	湘200か1273	09平○
	ひ40	湘200か1274	09平○
	ひ45	湘200か1275	09平○
	ひ46	湘200か1276	09平○
	は5	湘200か1277	09秦○

あ33	相200か1187	09厚○
あ44	相200か1188	09厚○
や29	相200か1196	09大○
や146	相200か1197	09大○

■PKG-AA274MAN(西工)

と15	横200か2621	08戸○
と17	横200か2622	08戸○
と70	横200か2869	08戸○
と71	横200か2870	08戸○
と105	横200か2874	08戸○
と106	横200か2875	08戸○
と107	横200か2880	08戸○
と167	横200か2881	08戸○
さ65	相200か1081	08相○
た6	八200か1185	08多○
た8	八200か1186	08多○
た9	八200か1187	08多○
た18	八200か1126	08多○
た36	八200か1127	08多○
た47	八200か1128	08多○
た50	八200か1135	08多○
も122	相200か1079	08橋○
も129	相200か1080	08橋○
さ3	相200か1191	09相○
さ4	相200か1192	09相○
さ5	相200か1193	09相○

■PKG-MP35UK改(MFBM)

ま1	多200か1854	09町○
ま28	多200か1856	09町○
ま37	多200か1857	09町○
ま50	多200か1859	09町○
ま56	多200か1860	09町○
ま59	多200か1861	09町○
ま61	多200か1862	09町○
ま65	多200か1863	09町○
ま72	多200か1864	09町○
ま76	多200か1865	09町○
ま79	多200か1866	09町○
ま82	多200か1867	09町○
ま104	多200か1868	09町○
ま105	多200か1855	09町○
ま115	多200か1870	09町○
ま116	多200か1871	09町○
よ32	横200か3073	10横○
よ70	横200か3078	10横○
お55	横200か3072	10舞○
お75	横200か3066	10舞○
お85	横200か3074	10舞○
お91	横200か3067	10舞○
お92	横200か3070	10舞○
お105	横200か3075	10舞○
お106	横200か3064	10舞○
ち29	湘200か1372	10茅○
ち40	湘200か1373	10茅○
ち48	湘200か1375	10茅○
ち50	湘200か1376	10茅○
ち61	湘200か1384	10茅○
ち70	湘200か1385	10茅○
ち76	湘200か1390	10茅○
ち78	湘200か1391	10茅○
ち82	湘200か1395	10茅○
ひ21	湘200か1378	10平○
ひ59	湘200か1379	10平○
ひ61	湘200か1380	10平○
ひ70	湘200か1386	10平○
あ53	相200か1285	10厚○
あ137	相200か1286	10厚○
あ140	相200か1287	10厚○
ま24	多200か2028	10町○
ま25	多200か2029	10町○
ま38	多200か2032	10町○
ま39	多200か2033	10町○
ま43	多200か2034	10町○
ま44	多200か2035	10町○
ま48	多200か2039	10町○
ま122	多200か2021	10町○
ま123	多200か2022	10町○
ま141	多200か2043	10町○
ま143	多200か2044	10町○
や9	相200か1288	10大○
や30	相200か1304	10大○
や45	相200か2080	10大○
や53	相200か2083	10大○
や165	相200か1307	10大○
き177	相200か2081	10北○
き181	相200か2082	10北○
き182	相200か2084	10北○

■PKG-MP35UM(MFBM)

	よ9	横200か2577	07横○
	お180	横200か2578	07舞○
	お182	横200か2579	07舞○
	ふ44	相200か1134	07藤○
	ふ51	相200か1135	07藤○
	ち17	湘200か1126	07茅○
	ち52	湘200か1119	07茅○
	ち55	湘200か1663	07茅○
	ち58	湘200か1120	07茅○
	ち68	湘200か1122	07茅○
	は16	湘200か1132	07秦○
	は17	湘200か1133	07秦○
	あ82	八200か1041	07厚○
	あ97	八200か1045	07厚○
	つ11	相200か1406	07津○
	つ24	相200か1050	07津○
	つ28	相200か1051	07津○
	さ1	相200か1039	07相○
	さ9	相200か1040	07相○
	さ47	相200か1046	07相○
	さ64	相200か1493	07相○
西	い305	相200か1138	07伊△
	や44	相200か1066	07大○
	や71	相200か1047	07大○
	や94	相200か1061	07大○
	や168	相200か1059	07大○
	や170	相200か1064	07大○
	や171	相200か1065	07大○
東	や603	相200か1060	07大○
東	や605	相200か1057	07大○
東	や607	相200か1058	07大○
	せ68	相200か1052	07綾○
	せ72	相200か1053	07綾○
	せ94	相200か1054	07綾○
東	も610	相200か1491	07橋○
	き90	相200か1043	07北○
	な56	横200か3088	07中○
	な96	横200か3177	07中○
	お302	横200か2817	08舞△
	と34	横200か2816	08戸○
	ふ79	湘200か1191	08藤○
	は38	湘200か1227	08秦○
	は56	湘200か1228	08秦○
	あ27	相200か1171	08厚○
	あ50	相200か1172	08厚○
	つ6	相200か1094	08津○
	つ20	相200か1096	08津○
	つ46	相200か1098	08津○
	さ41	相200か1129	08相○
	さ43	相200か1131	08相○
	さ44	相200か1132	08相○
	さ53	相200か1105	08相○
	さ66	相200か1125	08相○
	さ67	相200か1126	08相○
	さ78	相200か1116	08相○
	さ84	相200か1120	08相○
	や27	相200か1133	08大○
	せ8	相200か1099	08綾○
	た314	八200か1141	08多△
	も138	相200か1225	08橋○
	も148	相200か1103	08橋○
東	も607	相200か1104	08橋○
	な173	横200か2640	08中○
	な174	横200か2641	08中○
	な175	横200か2646	08中○
	な176	横200か2647	08中○
	な177	横200か2653	08中○
観	M0101	多200か3629	08東□
	よ34	横200か2947	09横○
	よ67	横200か3037	09横○
	お14	横200か3011	09舞○
	お76	横200か2944	09舞○
	お82	横200か2945	09舞○
	お176	横200か2946	09舞○
	お196	横200か2907	09舞○
	お199	横200か3053	09舞○
	と143	横200か2951	09戸○
	と150	横200か2951	09戸○
	ち74	湘200か1934	09茅○
	ち75	湘200か1396	09茅○
	ひ12	湘200か1347	09平○
	ひ36	湘200か1356	09平○
	ひ57	湘200か1360	09平○
	い31	湘200か1359	09伊○
	い55	湘200か1350	09伊○
	い67	湘200か1348	09伊○
	あ52	相200か1250	09厚○
	あ62	相200か1252	09厚○
	あ99	相200か1248	09厚○
	あ127	相200か1225	09厚○
東	あ301	湘200か2085	09厚△
	つ23	相200か1228	09津○
西	つ612	相200か1219	09津○
西	つ614	相200か1225	09津○
	さ35	相200か1231	09相○
	さ36	相200か1233	09相○
	さ37	相200か1235	09相○
	さ74	相200か1274	09相○
	さ75	相200か1275	09相○
	た311	八200か1237	09多△
	た312	八200か1238	09多△
	も137	相200か1273	09橋○
東	も605	相200か1194	09橋○
東	も608	相200か1278	09橋○
	き10	相200か1253	09北○
	き103	相200か1756	09北○
	き130	相200か1761	09北○
	き152	相200か1757	09北○
	な65	横200か3487	09中○
	な82	横200か3276	09中○
	よ3	横200か3216	10横○
	よ59	横200か3223	10横○
	よ72	横200か3196	10横○
	よ73	横200か3202	10横○
	よ74	横200か3203	10横○
	よ75	横200か3209	10横○
	よ76	横200か3214	10横○
	お40	横200か3137	10舞○
	お71	横200か3167	10舞○
	お81	横200か3146	10舞○
	お87	横200か3147	10舞○
	お88	横200か3152	10舞○
	お90	横200か3153	10舞○
	お127	横200か3146	10舞○
	お139	横200か3170	10舞○
	お178	横200か3171	10舞○
	と25	横200か3094	10戸○
	と30	横200か3112	10戸○
	と83	横200か3086	10戸○
	と111	横200か3154	10戸○
	と115	横200か3197	10戸○
	と120	横200か3186	10戸○
	と129	横200か3087	10戸○
	と134	横200か3194	10戸○
	と135	横200か3113	10戸○
	と136	横200か3185	10戸○
	と138	横200か3195	10戸○
	と148	横200か3198	10戸○
	と154	横200か3199	10戸○
	と155	横200か3200	10戸○
	と156	横200か3210	10戸○
	と161	横200か3201	10戸○
	と169	横200か3093	10戸○
	ふ2	相200か1470	10藤○
	ふ3	湘200か1383	10藤○
	ふ9	湘200か1464	10藤○
	ふ10	相200か1408	10藤○
	ふ13	湘200か1389	10藤○
	ふ23	湘200か1399	10藤○
	ふ27	湘200か1467	10藤○
	ふ30	相200か1400	10藤○
	ふ41	相200か1440	10藤○
	ふ48	相200か1405	10藤○
	ふ85	相200か1409	10藤○
	ち25	湘200か1456	10茅○
	ひ3	相200か1444	10平○
	ひ4	湘200か1425	10平○
	ひ8	湘200か1445	10平○
	ひ15	湘200か1426	10平○
	ひ37	湘200か1407	10平○
	ひ52	湘200か1461	10平○
	ひ54	湘200か1462	10平○
	ひ76	湘200か1374	10平○
	ひ77	湘200か1431	10平○
	ひ89	湘200か1446	10平○
西	ひ601	湘200か1406	10平○
西	ひ603	湘200か1396	10平○
西	ひ604	湘200か1410	10平○
	は32	湘200か1412	10秦○
	は64	湘200か1947	10秦○
	は67	湘200か1381	10秦○
	は70	湘200か1397	10秦○
	は75	湘200か1471	10秦○
	は76	湘200か1438	10秦○
	は90	湘200か1414	10秦○
西	は616	湘200か1954	10秦○
西	は617	湘200か1948	10秦○
	い1	湘200か1441	10伊○
	い16	湘200か1457	10伊○
	い25	湘200か1465	10伊○
	い44	湘200か1468	10伊○
	い50	湘200か1472	10伊○
	い54	湘200か1398	10伊○
	い64	湘200か1479	10伊○
	い65	湘200か1413	10伊○
	い70	湘200か1387	10伊○
	あ13	相200か1353	10厚○
	あ21	相200か1341	10厚○
	あ23	相200か1329	10厚○
	あ41	相200か1343	10厚○
	あ46	相200か1326	10厚○
	あ47	相200か1347	10厚○
	あ58	相200か1365	10厚○
	あ59	相200か1367	10厚○
	あ75	相200か1355	10厚○
	あ92	相200か1368	10厚○
	あ110	相200か1373	10厚○
	あ114	相200か1361	10厚○
	あ164	相200か1340	10厚○
	つ13	相200か1362	10津○
	つ41	相200か1348	10津○
	さ57	相200か1312	10相○
	ま320	多200か2006	10町△
	や19	相200か1310	10大○
	や73	相200か1334	10大○
	や162	相200か1324	10大○
	や164	相200か1325	10大○
	せ1	相200か1284	10綾○
	せ24	相200か1313	10綾○
	せ40	相200か1352	10綾○
	せ44	相200か1357	10綾○
	せ51	相200か1314	10綾○
	せ67	相200か1363	10綾○
	せ74	相200か1300	10綾○
	せ75	相200か1315	10綾○
	せ80	相200か1364	10綾○
	せ107	相200か1594	10綾○
	せ114	相200か1770	10綾○
	も123	相200か1350	10橋○
	も177	相200か1351	10橋○
	き63	相200か1330	10北○
	き66	相200か1333	10北○
	き73	相200か1327	10北○
	き104	相200か1356	10北○
	き105	相200か1339	10北○
	き169	相200か1311	10北○
	き184	相200か1771	10北○
	な31	横200か3483	10中○

■PKG-MP35UM改(MFBM)

と302	横800か4216	09戸△
は112	湘200か2364	09秦○
は113	湘200か2369	09秦○
た2	八200か1294	09多○
と36	横200か3077	10戸○
と67	横200か3079	10戸○
と73	横200か3080	10戸○
と90	横200か3081	10戸○
と93	横200か3082	10戸○
と112	横200か3085	10戸○
い46	相200か2363	10伊○
い87	湘200か2367	10伊○
も118	相200か1294	10橋○
も119	相200か1295	10橋○

■PKG-MP35UP(MFBM)

西	ひ307	湘200か1248	08平△

■LKG-MP35FM(MFBM)

	お62	横200か3229	10舞○
	ち20	湘200か1480	10茅○
	あ111	相200か1374	10厚○
	お94	横200か3329	11舞○
	ち12	湘200か1505	11茅○
	ち38	湘200か1506	11茅○
	ち501	湘200か1508	11茅□
東	や317	相200か1383	11大△

社番	登録番号	配置
よ6	横200か3480	12横○
よ78	横200か3484	12横○
お57	横200か3477	12舞○
お103	横200か3481	12舞○
お113	横200か3478	12舞○
と14	横200か3479	12戸○
と39	横200か3485	12戸○
と160	横200か3476	12戸○
ふ89	湘200か1618	12藤○
ふ93	湘200か1620	12藤○
は69	湘200か1610	12秦○
は74	湘200か1622	12秦○
い17	湘200か1615	12伊○
い30	湘200か1621	12伊○
つ15	相200か1461	12津○
つ16	相200か1458	12津○
さ31	相200か1451	12相○
せ73	相200か1459	12綾○
せ78	相200か1462	12綾○

■LKG-MP35FP改(MFBM)

社番	登録番号	配置
ひ505	湘200か1594	11平□

■LKG-MP37FK(MFBM)

社番	登録番号	配置
ま4	多200か2045	10町○
ち3	湘200か1500	11茅○
ち5	湘200か1509	11茅○
ち10	湘200か1501	11茅○
ひ90	湘200か1498	11平○
ひ94	湘200か1499	11平○
ひ95	湘200か1503	11平○
ひ97	湘200か1510	11平○
ひ98	湘200か1511	11平○
は58	湘200か1491	11秦○
あ61	相200か1387	11厚○
あ84	相200か1390	11厚○
あ106	相200か1388	11厚○
ま5	多200か2235	11町○
ま11	多200か2232	11町○
ま27	多200か2234	11町○
ま29	多200か2226	11町○
ま30	多200か2227	11町○
ま51	多200か2240	11町○
ま62	多200か2237	11町○
ま63	多200か2238	11町○
ま64	多200か2228	11町○
ま70	多200か2231	11町○
ま71	多200か2229	11町○
ま75	多200か2236	11町○
ま78	多200か2241	11町○
ま117	多200か2230	11町○
や34	相200か1391	11大○
や39	相200か1389	11大○
や72	相200か1385	11大○
ち6	湘200か1619	12茅○
ひ66	湘200か1611	12平○
ひ69	湘200か1612	12平○
ひ71	湘200か1614	12平○
ひ73	湘200か1616	12平○
ひ74	湘200か1617	12平○
あ86	相200か1453	12厚○
あ91	相200か1455	12厚○
あ128	相200か1463	12厚○
や26	相200か1454	12大○
や41	相200か1464	12大○
や67	相200か1456	12大○

■LKG-MP37FM(MFBM)

社番	登録番号	配置
た11	八200か1413	10多○
い63	湘200か2368	11伊○
さ6	相200か1398	11相○
さ7	相200か1399	11相○
た24	八200か1556	11多○
た29	八200か1557	11多○

■QDG-MP35FM(MFBM)

社番	登録番号	配置
お303	横200か3620	12舞△

■QKG-MP35FM(MFBM)

社番	登録番号	配置
ひ106	湘200か1653	12平○
ひ120	湘200か1654	12平○
ひ126	湘200か1655	12平○
ひ127	湘200か1656	12平○
つ43	相200か1507	13津○
つ45	相200か1583	13津○
せ95	相200か1536	13綾○
お190	横200か4020	14舞○
お191	横200か4031	14舞○
ふ5	湘200か1790	14藤○
ふ69	湘200か1787	14藤○
は37	湘200か1792	14秦○
い3	湘200か1788	14伊○
せ6	相200か1615	14綾○
も114	相200か1613	14橋○
な57	横200か3969	14中○
な61	横200か3970	14中○
お193	横200か4195	15舞○
お194	横200か4198	15舞○
お197	横200か4202	15舞○
は30	湘200か1862	15秦○
つ39	相200か1681	15津○
せ84	相200か1687	15綾○
も103	相200か1686	15橋○
東　も604	相200か1693	15橋○
な112	横200か4199	15中○

■QKG-MP35FP(MFBM)

社番	登録番号	配置
ち301	湘200か1996	16茅△
ち302	湘200か1997	16茅△
ち303	湘200か1998	16茅△

■QKG-MP37FK(MFBM)

社番	登録番号	配置
ま10	多200か2415	12町○
ま12	多200か2416	12町○
ま34	多200か2424	12町○
ま58	多200か2424	12町○
ま67	多200か2428	12町○
ま68	多200か2422	12町○
ま69	多200か2425	12町○
ま83	多200か2429	12町○
ま87	多200か2420	12町○
ま94	多200か2421	12町○
ま95	多200か2423	12町○
ま103	多200か2419	12町○
よ2	横200か3762	13横○
よ11	横200か3769	13横○
よ13	横200か3774	13横○
よ102	横200か3758	13横○
よ15	横200か3760	13横○
お18	横200か3756	13舞○
お27	横200か3757	13舞○
お123	横200か3761	13舞○
お131	横200か3768	13舞○
お134	横200か3773	13舞○
お152	横200か3787	13舞○
お158	横200か3781	13舞○
ち44	湘200か1692	13茅○
ひ17	湘200か1759	13平○
ひ26	湘200か1760	13平○
ひ47	湘200か1708	13平○
ひ55	湘200か1757	13平○
ひ68	湘200か1766	13平○
ひ72	湘200か1697	13平○
ひ80	湘200か1693	13平○
ひ83	湘200か1764	13平○
ひ87	湘200か1694	13平○
ひ93	湘200か1709	13平○
ひ118	湘200か1696	13平○
ひ137	湘200か1769	13平○
あ1	相200か1513	13厚○
あ119	相200か1517	13厚○
ま3	多200か2605	13町○
ま7	多200か2566	13町○
ま8	多200か2589	13町○
ま18	多200か2593	13町○
ま19	多200か2597	13町○
ま20	多200か2585	13町○
ま23	多200か2595	13町○
ま31	多200か2574	13町○
ま33	多200か2574	13町○
ま74	多200か2582	13町○
ま77	多200か2573	13町○
ま80	多200か2587	13町○
ま86	多200か2567	13町○
ま101	多200か2581	13町○
ま106	多200か2602	13町○
ま502	多200か2592	13町□
や14	相200か1520	13大○
や15	相200か1514	13大○
や62	相200か1518	13大○
き31	相200か1519	13北○
よ5	横200か3973	14横○
よ65	横200か3977	14横○
よ77	横200か3993	14横○
お28	横200か3975	14舞○
お64	横200か3972	14舞○
お104	横200か3976	14舞○
お111	横200か3986	14舞○
お122	横200か3997	14舞○
お140	横200か4000	14舞○
ち22	湘200か1795	14茅○
あ70	相200か1619	14厚○
あ141	相200か1622	14厚○
あ143	相200か1624	14厚○
や2	相200か1620	14大○
や66	相200か1625	14大○
や115	相200か1628	14大○

■QKG-MP37FM(MFBM)

社番	登録番号	配置
た5	八200か1635	12多○
た10	八200か1631	12多○
た12	八200か1636	12多○
た15	八200か1638	12多○
た26	八200か1632	12多○
た33	八200か1639	12多○
た34	八200か1640	12多○
た35	八200か1641	12多○
と27	横200か3766	13戸○
と54	横200か3763	13戸○
と56	横200か3780	13戸○
と145	横200か3764	13戸○
と170	横200か3785	13戸○
と171	横200か3786	13戸○
さ29	相200か1512	13相○
た13	八200か1731	13多○
た14	八200か1730	13多○
た21	八200か1734	13多○
と69	横200か4003	14戸○
と82	横200か3974	14戸○
と91	横200か3999	14戸○
と92	横200か3996	14戸○
と108	横200か3985	14戸○
と162	横200か3978	14戸○
さ10	相200か1627	14相○

■QKG-MP38FK(MFBM)

社番	登録番号	配置
よ5	横200か4094	14横○
よ20	横200か4097	14横○
よ38	横200か4101	14横○
よ46	横200か4111	14横○
よ63	横200か4115	14横○
よ71	横200か4118	14横○
お7	横200か4121	14舞○
お20	横200か4103	14舞○
お22	横200か4105	14舞○
お48	横200か4108	14舞○
お100	横200か4109	14舞○
お128	横200か4114	14舞○
と12	横200か4113	14戸○
と13	横200か4117	14戸○
と18	横200か4119	14戸○
と40	横200か4098	14戸○
と46	横200か4099	14戸○
と47	横200か4102	14戸○
と55	横200か4104	14戸○
と61	横200か4106	14戸○
と63	横200か4107	14戸○
と68	横200か4120	14戸○
ち32	湘200か1829	14茅○
ひ41	湘200か1830	14平○
ひ44	湘200か1831	14平○
ひ58	湘200か1816	14平○
ひ60	湘200か1833	14平○
ひ81	湘200か1817	14平○
ひ91	湘200か1834	14平○
ひ92	湘200か1835	14平○
ひ96	湘200か1838	14平○
ひ117	湘200か1818	14平○
ひ119	湘200か1819	14平○
ひ134	湘200か1840	14平○
さ28	相200か1661	14相○
さ38	相200か1662	14相○
や25	相200か1659	14大○
よ7	横200か4289	15横○
よ10	横200か4287	15横○
よ14	横200か4293	15横○
よ30	横200か4254	15横○
よ33	横200か4265	15横○
よ40	横200か4265	15横○
よ44	横200か4282	15横○
よ48	横200か4284	15横○
よ50	横200か4297	15横○
よ79	横200か4171	15横○
よ80	横200か4267	15横○
よ81	横200か4270	15横○
お5	横200か4215	15舞○
お11	横200か4179	15舞○
お38	横200か4216	15舞○
お53	横200か4217	15舞○
お107	横200か4221	15舞○
お110	横200か4253	15舞○
お135	横200か4222	15舞○
お137	横200か4261	15舞○
お141	横200か4264	15舞○
お143	横200か4268	15舞○
お148	横200か4180	15舞○
お168	横200か4189	15舞○
と19	横200か4298	15戸○
と23	横200か4291	15戸○
と32	横200か4294	15戸○
と38	横200か4295	15戸○
と41	横200か4211	15戸○
と45	横200か4280	15戸○
と50	横200か4281	15戸○
と79	横200か4178	15戸○
と117	横200か4290	15戸○
と118	横200か4172	15戸○
と121	横200か4188	15戸○
と141	横200か4212	15戸○
と144	横200か4213	15戸○
ふ8	湘200か1901	15藤○
ふ16	湘200か1906	15藤○
ふ21	湘200か1924	15藤○
ふ22	湘200か1926	15藤○
ふ26	湘200か1945	15藤○
ふ36	湘200か1920	15藤○
ふ40	湘200か1937	15藤○
ふ53	湘200か1909	15藤○
ふ62	湘200か1939	15藤○
ふ66	湘200か1930	15藤○
ふ81	湘200か1860	15藤○
ふ84	湘200か1914	15藤○
ち23	湘200か1902	15茅○
ち41	湘200か1907	15茅○
ち69	湘200か1893	15茅○
ひ11	湘200か1910	15平○
ひ18	湘200か1894	15平○
ひ23	湘200か1927	15平○
ひ25	湘200か1921	15平○
ひ27	湘200か1911	15平○
ひ28	湘200か1912	15平○
ひ32	湘200か1895	15平○
ひ33	湘200か1922	15平○
ひ50	湘200か1940	15平○
ひ82	湘200か1941	15平○
は27	湘200か1943	15秦○
は101	湘200か1944	15秦○
い8	湘200か1861	15伊○
い37	湘200か1896	15伊○
い39	湘200か1897	15伊○
い72	湘200か1858	15伊○
あ20	相200か1669	15厚○
あ35	相200か1677	15厚○
あ71	相200か1745	15厚○
あ72	相200か1726	15厚○
あ77	相200か1727	15厚○
あ107	相200か1670	15厚○
あ134	相200か1733	15厚○
あ150	相200か1746	15厚○
あ153	相200か1734	15厚○
あ161	相200か1752	15厚○
つ57	相200か1774	15津○
つ58	相200か1768	15津○
つ59	相200か1775	15津○
さ2	相200か1728	15相○
さ40	相200か1729	15相○
さ58	相200か1673	15相○
さ60	相200か1674	15相○
さ69	相200か1772	15相○
さ70	相200か1776	15相○
さ73	相200か1769	15相○
ま6	多200か2777	15町○
ま66	多200か2778	15町○
や5	相200か1766	15大○
や11	相200か1767	15大○
や40	相200か1668	15大○

コード	登録番号	備考
や52	相200か1676	15大○
や105	相200か1773	15大○
せ32	相200か1759	15綾○
せ55	相200か1760	15綾○
せ62	相200か1764	15綾○
せ76	相200か1765	15綾○
た69	八200か1939	15多○
た70	八200か1916	15多○
た71	八200か1917	15多○
た73	八200か1923	15多○
た74	八200か1974	15多○
た75	八200か1973	15多○
た77	八200か1972	15多○
た79	八200か1946	15多○
た80	八200か1936	15多○
た81	八200か1940	15多○
た82	八200か1870	15多○
た83	八200か1937	15多○
た87	八200か1945	15多○
た88	八200か1932	15多○
も101	相200か1678	15橋○
も106	相200か1679	15橋○
も111	相200か1735	15橋○
な36	横200か4296	15中○
よ22	横200か4302	16横○
よ31	横200か4314	16横○
よ55	横200か4300	16横○
よ64	横200か4317	16横○
よ85	横200か4429	16横○
お68	横200か4430	16舞○
お125	横200か4432	16舞○
と2	横200か4427	16戸○
と9	横200か4428	16戸○
と172	横200か4407	16戸○
ひ2	湘200か2017	16平○
ひ5	湘200か2018	16平○
ひ88	湘200か2019	16平○
ひ125	湘200か2021	16平○
ひ128	湘200か2023	16平○
ひ135	湘200か2024	16平○
ひ138	湘200か2025	16平○
ひ140	湘200か2026	16平○
い47	湘200か2011	16伊○
い53	湘200か2012	16伊○
い60	湘200か2014	16伊○
い61	湘200か2015	16伊○
あ136	相200か1799	16厚○
あ142	相200か1809	16厚○
つ35	相200か1784	16津○
つ54	相200か1778	16津○
つ55	相200か1781	16津○
さ9	相200か1800	16相○
ま9	多200か2978	16町○
ま21	多200か2984	16町○
ま22	多200か2985	16町○
ま55	多200か2988	16町○
ま90	多200か2987	16町○
ま91	多200か2994	16町○
や64	相200か1780	16大○
や83	相200か1777	16大○
や90	相200か1785	16大○
せ12	相200か1811	16綾○
せ52	相200か1810	16綾○
せ102	相200か1798	16綾○
た61	八200か2015	16多○
た62	八200か2031	16多○
た63	八200か2017	16多○
た67	八200か2018	16多○
た76	八200か1985	16多○
た78	八200か2030	16多○
た85	八200か2004	16多○
た86	八200か2003	16多○
も143	相200か1819	16橋○
東 も602	相200か1779	16橋○
東 も603	相200か1786	16橋○
な78	横200か4299	16中○
な133	横200か4318	16中○
よ8	横200か4626	17横○
よ23	横200か4648	17横○
よ37	横200か4634	17横○
よ53	横200か4644	17横○
よ61	横200か4567	17横○
よ82	横200か4599	17横○
よ83	横200か4611	17横○
よ84	横200か4686	17横○
よ87	横200か4553	17横○
よ88	横200か4639	17横○
よ89	横200か4558	17横○
よ90	横200か4619	17横○
よ94	横200か4709	17横○
お31	横200か4628	17舞○
お73	横200か4554	17舞○
お79	横200か4559	17舞○
お84	横200か4635	17舞○
お97	横200か4568	17舞○
お108	横200か4600	17舞○
お117	横200か4630	17舞○
お121	横200か4616	17舞○
お124	横200か4623	17舞○
お130	横200か4676	17舞○
お133	横200か4685	17舞○
お147	横200か4700	17舞○
と8	横200か4566	17戸○
と43	横200か4638	17戸○
と78	横200か4640	17戸○
と125	横200か4677	17戸○
と130	横200か4675	17戸○
と139	横200か4652	17戸○
と140	横200か4653	17戸○
ふ24	湘200か2105	17藤○
ふ34	湘200か2059	17藤○
ふ37	湘200か2059	17藤○
ふ52	湘200か2061	17藤○
ふ58	湘200か2076	17藤○
ふ59	湘200か2115	17藤○
ふ64	湘200か2054	17藤○
ふ76	湘200か2119	17藤○
ふ86	湘200か2065	17藤○
ふ87	湘200か2110	17藤○
ふ108	湘200か2084	17藤○
ち1	湘200か2088	17茅○
ち2	湘200か2092	17茅○
ち9	湘200か2095	17茅○
ち21	湘200か2141	17茅○
ち35	湘200か2116	17茅○
ち60	湘200か2123	17茅○
ち63	湘200か2109	17茅○
ち67	湘200か2103	17茅○
ひ1	湘200か2055	17平○
ひ6	湘200か2051	17平○
ひ9	湘200か2085	17平○
ひ10	湘200か2128	17平○
ひ24	湘200か2064	17平○
ひ30	湘200か2068	17平○
ひ35	湘200か2120	17平○
ひ38	湘200か2052	17平○
ひ67	湘200か2062	17平○
ひ75	湘200か2117	17平○
ひ78	湘200か2111	17平○
ひ85	湘200か2072	17平○
ひ86	湘200か2124	17平○
ひ101	湘200か2136	17平○
ひ109	湘200か2101	17平○
ひ113	湘200か2139	17平○
ひ123	湘200か2058	17平○
ひ141	湘200か2057	17平○
ひ143	湘200か2107	17平○
は1	湘200か2096	17秦○
は2	湘200か2091	17秦○
は4	湘200か2066	17秦○
は48	湘200か2073	17秦○
は54	湘200か2097	17秦○
は59	湘200か2083	17秦○
は63	湘200か2098	17秦○
は104	湘200か2121	17秦○
い7	湘200か2067	17伊○
い32	湘200か2137	17伊○
い34	湘200か2140	17伊○
い43	湘200か2078	17伊○
い81	湘200か2090	17伊○
い90	湘200か2106	17伊○
あ25	相200か1867	17厚○
あ32	相200か1838	17厚○
あ57	相200か1876	17厚○
あ80	相200か1843	17厚○
あ113	相200か1847	17厚○
あ122	相200か1889	17厚○
あ123	相200か1891	17厚○
つ5	相200か1827	17津○
つ22	相200か1895	17津○
つ32	相200か1899	17津○
つ30	相200か1875	17津○
さ50	相200か1900	17相○
さ54	相200か1890	17相○
や4	相200か1881	17大○
や7	相200か1837	17大○
や13	相200か1844	17大○
や17	相200か1846	17大○
や43	相200か1879	17大○
せ13	相200か1839	17綾○
せ46	相200か1878	17綾○
せ53	相200か1848	17綾○
せ61	相200か1832	17綾○
せ81	相200か1883	17綾○
せ83	相200か1880	17綾○
も121	相200か1855	17橋○
も124	相200か1869	17橋○
も127	相200か1872	17橋○
も145	相200か1882	17橋○
も147	相200か1884	17橋○
も150	相200か1893	17橋○
も157	相200か1860	17橋○
も166	相200か1865	17橋○
も170	相200か1874	17橋○
も174	相200か1886	17橋○
き151	相200か1885	17北○
き154	相200か1854	17北○
き155	相200か1859	17北○
き156	相200か1866	17北○
き157	相200か1871	17北○
き158	相200か1887	17北○
き162	相200か1892	17北○
な1	横200か4582	17中○
な2	横200か4601	17中○
な3	横200か4629	17中○
な4	横200か4620	17中○
な5	横200か4631	17中○
な6	横200か4636	17中○
な8	横200か4637	17中○
な9	横200か4637	17中○
な10	横200か4645	17中○
な11	横200か4647	17中○
な12	横200か4650	17中○
な13	横200か4622	17中○
な14	横200か4684	17中○
な15	横200か4699	17中○

■2PG-MP38FK(MFBM)

コード	登録番号	備考
よ1	横200か4725	17横○
よ19	横200か4731	17横○
と190	横200か4726	17戸○
と191	横200か4727	17戸○
ひ48	湘200か2172	17平○
ひ53	湘200か2166	17平○
ひ62	湘200か2170	17平○
ひ99	湘200か2165	17平○
や20	相200か1920	17大○
も104	相200か1916	17橋○
も156	相200か1918	17橋○
も169	相200か1921	17橋○
き138	相200か1917	17北○
き139	相200か1919	17北○
な16	横200か4723	17中○
よ4	横200か4735	18横○
よ23	横200か4830	18横○
よ29	横200か4739	18横○
よ35	横200か4812	18横○
よ36	横200か4743	18横○
よ51	横200か4799	18横○
よ56	横200か4878	18横○
よ60	横200か4823	18横○
よ86	横200か4804	18横○
よ91	横200か4763	18横○
よ92	横200か4777	18横○
お45	横200か4821	18舞○
お51	横200か4794	18舞○
お54	横200か4867	18舞○
お59	横200か4813	18舞○
お69	横200か4870	18舞○
お77	横200か4800	18舞○
お78	横200か4805	18舞○
お101	横200か4853	18舞○
お102	横200か4796	18舞○
お114	横200か4783	18舞○
お115	横200か4837	18舞○
お156	横200か4824	18舞○
お169	横200か4784	18舞○
と5	横200か4896	18戸○
と24	横200か4868	18戸○
と33	横200か4869	18戸○
と51	横200か4880	18戸○
と57	横200か4881	18戸○
と58	横200か4854	18戸○
と66	横200か4855	18戸○
と74	横200か4897	18戸○
と186	横200か4754	18戸○
と187	横200か4755	18戸○
と188	横200か4732	18戸○
と189	横200か4733	18戸○
と192	横200か4744	18戸○
と193	横200か4793	18戸○
と194	横200か4795	18戸○
と195	横200か4801	18戸○
と196	横200か4802	18戸○
と197	横200か4818	18戸○
と198	横200か4819	18戸○
と199	横200か4820	18戸○
ひ13	湘200か2214	18平○
ひ34	湘200か2174	18平○
ひ51	湘200か2180	18平○
ひ56	湘200か2188	18平○
ひ102	湘200か2181	18平○
ひ108	湘200か2183	18平○
ひ112	湘200か2175	18平○
ひ116	湘200か2215	18平○
ひ121	湘200か2211	18平○
ひ139	湘200か2182	18平○
ひ144	湘200か2185	18平○
ひ146	湘200か2186	18平○
ひ155	湘200か2210	18平○
ひ156	湘200か2179	18平○
ひ157	湘200か2177	18平○
ひ158	湘200か2213	18平○
は10	湘200か2238	18秦○
は19	湘200か2178	18秦○
は23	湘200か2218	18秦○
は24	湘200か2240	18秦○
は26	湘200か2232	18秦○
は29	湘200か2234	18秦○
は36	湘200か2189	18秦○
は55	湘200か2220	18秦○
は73	湘200か2223	18秦○
は99	湘200か2227	18秦○
あ19	相200か1961	18厚○
あ34	相200か1952	18厚○
あ36	相200か1954	18厚○
つ44	相200か1930	18津○
さ45	相200か1953	18相○
さ46	相200か1965	18相○
さ56	相200か1962	18相○
ま40	多230い40	18町○
ま85	多230い85	18町○
ま99	多200あ99	18町○
ま111	多200え111	18町○
ま112	多230あ112	18町○
ま113	多230あ113	18町○
ま125	多230か125	18町○
ま127	多230あ127	18町○
や22	相200か1924	18大○
や23	相200か1932	18大○
や28	相200か1935	18大○
た16	八230あ16	18多○
た17	八230あ17	18多○
た39	八230あ39	18多○
た40	八230あ40	18多○
た41	八230い41	18多○
た43	八230あ43	18多○
た44	八230あ44	18多○
た45	八230あ45	18多○
た46	八230あ46	18多○
た51	八230あ51	18多○
た52	八230あ52	18多○
た57	八230あ57	18多○
も102	相200か1960	18橋○
も105	相200か1937	18橋○
も107	相200か1929	18橋○
も112	相200か1958	18橋○
も126	相200か1964	18橋○
も135	相200か1956	18橋○
も139	相200か1958	18橋○
も168	相200か1966	18橋○
も171	相200か1926	18橋○
も173	相200か1923	18橋○
き133	相200か1957	18北○
き165	相200か1922	18北○

【著者プロフィール】
加藤佳一（かとう よしかず）
1963年東京生まれ。東京写真専門学校（現東京ビジュアルアーツ）卒業。1986年にバス専門誌『バス・ジャパン』を創刊。1993年から『ＢＪハンドブックシリーズ』の刊行を続け、バスに関する図書も多数編集。主な著書に『バスで旅を創る！』（講談社＋α新書）、『一日乗車券で出かける東京バス散歩』（洋泉社新書ｙ）、『路線バス終点の情景』（クラッセ）、『シニアバス旅のすすめ』（平凡社新書）、『バス趣味入門』『ビンテージバスに会いたい！』（天夢人）などがある。ＮＰＯ日本バス文化保存振興委員会理事。日本バス友の会会員。

【写真撮影】
加藤佳一（BJエディターズ）

【校正】
小川章（有限会社クリエイターズ・ファクトリー）

【協力】
神奈川中央交通株式会社
神奈川中央交通東株式会社、神奈川中央交通西株式会社、神奈中観光株式会社

昭和末期〜平成のバス大図鑑 第3巻
神奈川中央交通

2023年10月6日　第1刷発行

著　者……………………加藤佳一
発行人……………………高山和彦
発行所……………………株式会社フォト・パブリッシング
　　　　　　　　　　　　〒161-0032　東京都新宿区中落合2-12-26
　　　　　　　　　　　　TEL.03-6914-0121　FAX.03-5955-8101
発売元……………………株式会社メディアパル（共同出版者・流通責任者）
　　　　　　　　　　　　〒162-8710　東京都新宿区東五軒町6-24
　　　　　　　　　　　　TEL.03-5261-1171　FAX.03-3235-4645
デザイン・DTP………柏倉栄治（装丁・本文とも）
印刷所……………………株式会社シナノパブリッシングプレス

ISBN978-4-8021-3415-6 C0026

車号	登録番号	備考
き166	相200か1925	18北○
き168	相200か1927	18北○
き183	相200か1928	18北○
よ93	横200か4916	19横○
よ95	横230あ95	19横○
お12	横200か4992	19舞○
お19	横200か4994	19舞○
お58	横200か4905	19舞○
お74	横200か4999	19舞○
お80	横200か5009	19舞○
お120	横230か120	19舞○
お159	横200か4917	19舞○
と4	横200か4993	19戸○
と22	横200か5003	19戸○
と65	横200か4921	19戸○
と72	横200か4922	19戸○
と75	横230あ75	19戸○
と80	横200か4938	19戸○
と89	横200か4906	19戸○
と97	横200か4943	19戸○
ふ4	湘200か2302	19藤○
ふ7	湘200か2310	19藤○
ち47	湘200か2293	19茅○
ひ16	湘200か2303	19平○
ひ65	湘200か2285	19平○
ひ111	湘200か2273	19平○
ひ124	湘200か2246	19平○
ひ145	湘200か2257	19平○
ひ150	湘200か2286	19平○
ひ151	湘200か2291	19平○
ひ159	湘200か2250	19平○
ひ160	湘200か2254	19平○
ひ161	湘200か2305	19平○
ひ164	湘230あ164	19平○
ひ165	湘200か2259	19平○
は13	湘200か2247	19秦○
は15	湘200か2301	19秦○
は28	湘200き28	19秦○
は57	湘200か2296	19秦○
は79	湘200か2251	19秦○
は81	湘200か2256	19秦○
は86	湘200か2297	19秦○
は100	湘200か2306	19秦○
は103	湘200か2312	19秦○
い19	湘200か2294	19伊○
い23	湘200か2299	19伊○
い26	湘200か2290	19伊○
い62	湘200か2308	19伊○
い69	湘200か2287	19伊○
い73	湘200か2300	19伊○
い74	湘200か2272	19伊○
い82	湘230か82	19伊○
い84	湘200か2298	19伊○
あ4	相230い4	19厚○
あ14	相200か2022	19厚○
あ16	相200か1969	19厚○
あ17	相200か1976	19厚○
あ40	相200か1990	19厚○
あ87	相200か2009	19厚○
つ10	相230う10	19津○
つ48	相200か2010	19津○
さ11	相200か1977	19相○
さ48	相200か2025	19相○
さ63	相230あ63	19相○
さ79	相200か1993	19相○
や16	相200か1991	19大○
や18	相200か1981	19大○
や31	相200か1970	19大○
や36	相200か1984	19大○
や38	相200か1986	19大○
や84	相230あ84	19大○
せ7	相200か2031	19綾○
せ11	相200か2034	19綾○
せ15	相200か2035	19綾○
せ54	相200か2018	19綾○
せ64	相200か2013	19綾○
せ65	相200か2021	19綾○
せ66	相200か2014	19綾○
せ90	相200か2030	19綾○
せ93	相200か2006	19綾○
せ96	相230あ96	19綾○
た48	八230あ48	19綾○
も109	相200か2016	19橋○
も113	相230い113	19橋○
も132	相200か1968	19橋○
も140	相200か2033	19橋○
も141	相200か1972	19橋○
も144	相200か2026	19橋○
も153	相200か2012	19橋○
も159	相200か1980	19橋○
も161	相200か2036	19橋○
も163	相200か2023	19橋○
も164	相200か1983	19橋○
も165	相200か1992	19橋○
き129	相230あ129	19北○
き132	相200か2029	19北○
き135	相200か2017	19北○
き144	相200か1979	19北○
き148	相200か2032	19北○
き159	相200か2011	19北○
き172	相200か1982	19北○
き173	相200か2024	19北○
き176	相200か2015	19北○
な29	横200か5004	19中○
よ15	横200か5053	20横○
よ16	横200か5017	20横○
よ24	横200か5069	20横○
よ28	横200か5079	20横○
お1	横200か5023	20舞○
お60	横200か5080	20舞○
お89	横200か5016	20舞○
お109	横200か5052	20舞○
お118	横200か5056	20舞○
お119	横200か5083	20舞○
お144	横200か5088	20舞○
お153	横200か5070	20舞○
と29	横200か5018	20戸○
と98	横200か5019	20戸○
と99	横200か5057	20戸○
と100	横200か5082	20戸○
と109	横200か5065	20戸○
と110	横200か5084	20戸○
と113	横200か5092	20戸○
と114	横200か5093	20戸○
ふ56	湘200か2313	20藤○
ふ61	湘200か2346	20藤○
ふ65	湘200か2347	20藤○
ふ67	湘200か2314	20藤○
ち4	湘200か2354	20茅○
ち24	湘200か2315	20茅○
ち51	湘200か2355	20茅○
ち84	湘200か2318	20茅○
ひ136	湘200か2353	20平○
は40	湘200か2316	20秦○
は80	湘200か2330	20秦○
は89	湘200か2356	20秦○
は98	湘200か2357	20秦○
は102	湘200か2317	20秦○
は110	湘200か2331	20秦○
は111	湘200か2360	20秦○
い5	湘200か2358	20伊○
い10	湘200か2333	20伊○
い33	湘200か2323	20伊○
い40	湘200か2327	20伊○
い41	湘200か2359	20伊○
い56	湘200か2361	20伊○
あ8	相200か2065	20厚○
あ18	相200か2067	20厚○
あ26	相200か2047	20厚○
あ37	相200か2056	20厚○
つ1	相200か2055	20津○
つ4	相200か2071	20津○
つ7	相200か2041	20津○
つ17	相200か2058	20津○
つ21	相200か2073	20津○
つ26	相200か2074	20津○
つ27	相200か2062	20津○
さ85	相200か2066	20相○
ま45	多230い45	20町○
ま47	多230い47	20町○
ま118	多230あ118	20町○
ま121	多230い121	20町○
ま124	多230あ124	20町○
せ16	相200か2060	20綾○
せ31	相200か2051	20綾○
せ34	相200か2052	20綾○
せ37	相200か2061	20綾○
せ38	相200か2053	20綾○
せ58	相200か2053	20綾○
せ77	相200か2063	20綾○
せ88	相200か2064	20綾○
た7	八200え7	20多○
た19	八230い19	20多○
た20	八230う20	20多○
た30	八230あ30	20多○
た37	八230あ37	20多○
も116	相200か2054	20橋○
も120	相200か2039	20橋○
も146	相200か2069	20橋○
も158	相200か2070	20橋○
も162	相200か2043	20橋○
も175	相200か2057	20橋○
き170	相200か2048	20北○
き171	相200か2037	20北○
き174	相200か2038	20北○
き175	相200か2040	20北○
き178	相200か2050	20北○
き180	相200か2068	20北○
な30	横200か5020	20中○
ま53	多200か3738	23町○
ま73	多200か3739	23町○
ま84	多200か3745	23町○
た23	八200か2627	23多○
た27	八200か2628	23多○
た28	八200か2630	23多○

■PDG-MM96FH(MFBM)

	車号	登録番号	備考
観	M0624	多200か2177	10東□

■LKG-MS96VP(MFBM)

	車号	登録番号	備考
観	H0608	湘200か1602	11神□

■LKG-MS96VP改(MFBM)

	車号	登録番号	備考
観	M0608	多200か2132	11東□

■QRG-MS96VP(MFBM)

	車号	登録番号	備考
東	さ850	相200か2130	13相◎
東	さ851	相200か2129	13相◎
東	さ852	相200か1532	13相◎
観	H0613	湘200か1718	13神□
観	H0617	湘200か1719	13神□
観	H0618	湘200か1720	13神□
観	H0619	湘200か1721	13神□
観	H0624	湘200か1722	13神□
観	H0630	湘200か2087	13神□
観	M0610	多200か2509	13東□
観	M0611	多200か2510	13東□
観	M0632	多200か3097	13東□
観	H0605	湘200か1809	14神□
観	H0609	湘200か1810	14神□
観	M0603	多200か2665	14東□
観	M0612	多200か2664	14東□
観	M0615	多200か3096	14東□
観	M0616	多200か2714	14東□
観	M0626	多200か2715	14東□
観	M0631	多200か2716	14東□
観	M0634	多200か2717	14東□
観	M0609	多200か2787	15東□

■QTG-MS96VP(MFBM)

	車号	登録番号	備考
観	H0610	湘200か1883	15神□
観	H0627	湘200か1884	15神□
観	H0628	湘200か1917	15神□
観	M0607	多200か2861	15東□
観	M0613	多200か2793	15東□
観	M0614	多200か2794	15東□
観	M0617	多200か2795	15東□
観	M0630	多200か2798	15東□
観	H0607	湘200か1971	16神□
観	H0616	湘200か1972	16神□
観	H0631	湘200か1974	16神□
観	H0632	湘200か1979	16神□
観	H0633	湘200か1979	16神□
観	H0634	湘200か1980	16神□
観	H0635	湘200か1981	16神□
観	M0622	多200か2932	16東□
観	M0623	多200か2940	16東□
観	M0625	多200か3053	16東□
観	M0636	多200か3204	16東□
観	M0637	多200か3054	16東□
観	M0640	多200か3088	16東□
西	ひ851	湘200か2153	17平○
西	ひ854	湘200か2077	17平○
東	さ855	相200か1888	17相◎
東	さ861	相200か1836	17相◎
東	さ862	相200か1845	17相◎
観	H0602	湘200か2081	17神□
観	H0603	湘200か2060	17神□
観	H0611	湘200か1972	17神□
観	M0604	多200か3153	17東□
観	M0605	多200か3179	17東□
観	M0619	多200か3180	17東□
観	M0620	多230い309	17東□
観	M0621	多230あ805	17東□
観	M0633	多200か3154	17東□
観	M0643	多200か3183	17東□
観	M0644	多200か3184	17東□
観	M0645	多200か3185	17東□

■2TG-MS06GP(MFBM)

	車号	登録番号	備考
観	H0615	湘200か2113	17神□
観	M0602	多200か3217	17東□
西	ひ856	湘230あ856	18平○
東	さ854	相230あ854	18相○
東	さ859	相230あ859	18相○
西	ひ857	湘230あ857	19平○
東	さ863	相200か2131	19相○
東	さ853	相230あ853	20相○
東	さ858	相230か858	20相○
東	さ860	相230う860	20相○
観	H0601	湘200か2350	20神□
観	H0612	湘200か2351	20神□
観	H0620	湘200か2352	20神□
観	M0601	多200か3535	20東□
観	M0618	多200か3536	20東□
観	M0635	多200か3537	20東□

■2TG-MS06GP改(MFBM)

	車号	登録番号	備考
西	ひ852	湘230あ852	20平○

BYD

■K8(BYD)

車号	登録番号	備考
ひ201	湘200か2394	23平○
ひ202	湘200か2395	23平○

マン+ネオプラン

■N4421(AUWARTER)

車号	登録番号	備考
あ205	相230か1004	05厚○

メルセデス・ベンツ

■CITARO-G(BENZ)

車号	登録番号	備考
あ201	相230あ1001	07厚○
あ202	相230あ1002	07厚○
あ203	相230あ1003	07厚○
あ204	相230あ1004	07厚○
ま201	多230う1001	12町○
ま202	多230い1002	12町○
ま203	多230い1003	12町○
ま204	多230あ1004	12町○
せ205	相230あ1005	18綾○
せ206	相230あ1006	18綾○
せ207	相230い1007	18綾○
せ208	相230あ1008	18綾○
せ209	相230あ1009	19綾○
せ210	相230い1010	19綾○
せ211	相230う1011	19綾○
せ212	相230う1012	19綾○
せ201	相230え201	20綾○
せ202	相230い202	20綾○
せ203	相230あ203	20綾○
せ204	相230あ204	20綾○
ま205	多230う1005	21町○
も201	相230い201	21橋○
も202	相230い202	21橋○
も203	相230い203	21橋○